개정

영유아 놀이 활동

이숙재

창지사

머리말

『유아 놀이 활동』을 출간한지 10년 만에 개정을 하게 되었다. 본 개정판에서는 놀이지도의 대상 연령을 영아기까지 포함해서 책 제목도 『영유아 놀이 활동』으로 수정하였다.

본서의 구성은 초판과 유사하나 2세 이하의 영아 놀이지도에 대한 이론과 실제 활동을 추가하는 것에 역점을 두었다. 본서는 유치원이나 어린이집에서 영유아의 놀이를 지도하는 데 실질적인 도움을 줄 수 있도록 집필하였으며 Part 1 이론과 Part 2 실제 놀이 활동으로 구성하였다. Part 1의 Chapter 1에서는 놀이에 대한 이해를 돕기 위하여 놀이의 특성 및 의의, 놀이 이론을 살펴보았다. Chapter 2에서는 놀이와 영유아 발달의 관계, 놀이 발달에 영향을 미치는 관련 요인 및 출생에서부터 만 5세까지 영유아의 연령별 놀이 발달 특징을 서술하였다. Chapter 3에서는 놀이지도와 관련해서 자유놀이 시간 운영, 놀이환경 이론을 소개하였고 영아 놀이지도와 유아 놀이지도법에 대해 설명하였다. 초판에서 미흡했던 영아 놀이지도에 관한 내용을 새로 추가하여 보강하였다. Part 2에서는 실제 놀이 활동을 영아 놀이와 유아 놀이로 나누어서 소개하였다. 출생에서 만 2세 영아에게 적합한 놀이 종류로 신체놀이, 탐색놀이, 말놀이, 상징놀이, 표현놀이 등 다섯 가지를 제시하였다. 유아 놀이 활동으로는 쌓기 놀이, 조작놀이, 역할놀이, 창의적 극놀이, 운동놀이, 물놀이, 모래 놀이, 목공놀이, 전래놀이, 게임 등 열 가지 종류의 다양한 놀이를 소개하였다. 각 놀이 활동은 영유아의 발달수준과 흥미에 적합하면서 교육적 가치가 있는 놀이 중심으로 소개하였다. 특히 영유아의 놀이를 지도하는 교사나 부모에게 구체적인 도움을 주기 위해 놀이방법과 더불어 영유아와의 상호작용 사례를 상세하게 제시하였다. 본서에 소개된 놀이 활동이 효과적으로 활용되기 위해서는 각 유치원이나 어린이집 영유아의 관심, 흥미, 발달 수준 및 교육현장의 특성을 최대한 반영하여 융통성 있게 적용하여야 한다.

본서가 출판되기까지 많은 분들이 베풀어주신 도움과 격려가 큰 힘이 되었다. 많은 성원을 해 주신 성신여대 유아교육과 교수님들께 감사의 인사를 드리며 항상 놀이연구의 원동력이 되는 유아교육과 학생들과 대학원생들에게 고마운 마음 전한다. 끝으로 출판을 맡아주신 창지사 김기섭 사장님과 집필을 격려해 주신 나기영 전무님, 편집을 맡아주신 박연순 과장님과 편집진 여러분께 감사를 드린다.

2011년 2월

저자

차 례

Part 1. 이 론

Chapter 1. 놀이에 대한 이해 • 13

1. 놀이의 특성 _ 13

(1) 놀이와 탐색 ······ 14
(2) 놀이와 일 ······ 14
(3) 놀이의 특성 ······ 15

2. 놀이의 의의 _ 16

(1) 놀이와 학습 ······ 16
(2) 놀이와 평가 ······ 17
(3) 놀이와 치료 ······ 18

3. 놀이 이론 _ 19

(1) 고전적 놀이 이론 ······ 19
(2) 현대적 놀이 이론 ······ 21

Chapter 2. 놀이와 발달 • 25

1. 놀이와 영유아 발달 _ 25

(1) 놀이와 신체발달 ······ 25
(2) 놀이와 인지발달 ······ 25
(3) 놀이와 언어발달 ······ 26
(4) 놀이와 정서발달 ······ 27

(5) 놀이와 사회성 발달 ······27
(6) 놀이와 창의성 발달 ······27

2. 놀이 발달 관련 요인 _ 28

(1) 개인적 요인 ······28
(2) 가정환경 ······29
(3) 교육환경 ······30

3. 연령별 놀이 발달 _ 32

(1) 출생~12개월 영아 ······32
(2) 1세 영아 ······32
(3) 2세 영아 ······33
(4) 3세 유아 ······33
(5) 4세 유아 ······34
(6) 5세 유아 ······35

Chapter 3. 놀이지도 ••• 37

1. 자유놀이 시간 운영 _ 37

(1) 자유놀이 시간의 교육적 의의 ······37
(2) 자유놀이 시간의 교사 역할 ······38

2. 놀이환경 _ 49

(1) 실내 놀이실 ······49
(2) 놀잇감 ······53
(3) 실외 놀이터 ······55

3. 영아 놀이지도 __ 60

(1) 영아 발달 특성에 따른 놀이지도 ……60
(2) 영아 놀이 유형별 지도 및 환경구성 ……67

4. 유아 놀이지도 __ 73

(1) 놀이 계획 및 평가 ……74
(2) 유아 놀이 유형별 지도 및 환경구성 ……83

Part 2. 놀이 활동

Chapter 4. 영아 놀이 ••• 103

1. 신체놀이 __ 105

까꿍 놀이 ▸▸105
공 굴리기 ▸▸106
구불 길 걷기 ▸▸107
종이 구기고 찢기 ▸▸108
풍선채 놀이 ▸▸109
후프놀이 ▸▸110

2. 탐색놀이 __ 111

블록 쌓기 ▸▸111
오리 찾기 ▸▸112
두껍아 두껍아 ▸▸113
신나는 물놀이 ▸▸114
밀가루반죽 놀이 ▸▸115
비눗방울 놀이 ▸▸116
냄비뚜껑 맞추기 ▸▸117

3. 말놀이 __ 118

전화놀이 ▸▸118
내 눈은 어디에 ▸▸119
동네산책 ▸▸120
그림책 보기 ▸▸121
지시에 따르기 ▸▸122

4. 상징놀이 __ 123

동물인형 돌보기 ▸▸123
자동찻길 만들기 ▸▸124
주유소 놀이 ▸▸125
모래 죽 만들기 ▸▸126
인형 목욕시키기 ▸▸127

5. 표현놀이 __ 128

두드려 소리 내기▸▸128
밀가루 풀 그림▸▸129
손인형 놀이▸▸130
스카프 놀이▸▸131
자동차 바퀴 찍기▸▸132

Chapter 5. 유아 놀이 ●●● 133

1. 쌓기 놀이 __ 135

강아지 집 만들기▸▸135
울타리 쌓기▸▸136
쌍둥이 블록 쌓기▸▸137
너 하나 쌓고 나 하나 쌓고▸▸138
친구와 바꾸어 쌓기▸▸139
모양 종이에 블록 쌓기▸▸140
자전거 길 만들기▸▸141
공룡 나라▸▸142
동물원 만들기▸▸144
과자로 만든 집▸▸145
번쩍이는 빌딩 짓기▸▸146
그림 카드처럼 쌓기▸▸147
도미노 놀이▸▸148
신나는 놀이터 만들기▸▸149
피라미드 쌓기▸▸150

2. 조작놀이 __ 151

양말 파티▸▸151
나는 누구일까요?▸▸152
바구니 직조▸▸154
글자기차 놀이▸▸155
구멍 뚫린 카드 꾸미기▸▸156
리본 묶기▸▸157
광대 꾸미기 놀이▸▸158
똑같은 카드 찾기▸▸159
모루 숫자 만들기▸▸160
포크-스푼-나이프▸▸161
젓가락으로 상자 쌓기▸▸162

3. 역할놀이 __ 163

동물병원 놀이▸▸163
세차장 놀이▸▸164
음료수 가게놀이▸▸165
결혼식 놀이▸▸166
여행가기▸▸167
신나는 퍼레이드▸▸168
이삿짐센터 놀이▸▸169
장난감박물관 놀이▸▸170
중국음식점 놀이▸▸171
슈퍼마켓 놀이▸▸172
운동경기 중계▸▸173
상품광고 놀이▸▸174
TV 요리시간▸▸175
119 구조대 놀이▸▸176
자동차 가게놀이▸▸177
우주선 놀이▸▸178
해저탐험 놀이▸▸180

4. 창의적 극 놀이 __ 181

감정 표현하기▸▸181
위-아래 이야기▸▸182
발소리 내기▸▸184

그림자 따라하기 185 | 지각대장 세형이 무언극 186 | 멋지게 분장하기 188
만화 주인공 되기 189 | 수영복-튜브-호루라기 즉흥극 190
그림자 인형극 191 | 『혹부리 할아버지』 주제극 놀이 192
『빨간 모자』 주제극 놀이 194 | 『검둥이 삼보』 주제극 놀이 196

5. 운동놀이 __ 198

두 손, 두 발로 걷기 198 | 신문지 공 돌리기 199 | 신문지 막대기 돌리기 200
낙하산 놀이 201 | 리본 로켓 202 | 후프 굴리기 203
비닐봉지 공 던지고 받기 204 | 오른쪽-왼쪽 205 | 후프 들고 가위 바위 보 206
다리 사이로 공치기 207 | 장애물 통과하기 208 | 꼬리 따기 209
공 운반하기 210 | 발씨름 놀이 211

6. 물놀이 __ 212

고무장갑 분수 212 | 그릇 닦기 213 | 물 페인트칠하기 214
분무기 그림 215 | 비는 화가예요 216 | 얼음조각 물에 띄우기 217
눈 위에 그림 그리기 218 | 탁구공 건지기 219 | 거품내기 220
빨래하기 221 | 물풍선 놀이 222 | 우유갑 분수놀이 223
몸에 그림 그리기 224 | 눈 던지기 225

7. 모래 놀이 __ 226

조심조심 모래 가져오기 226 | 모래 음식 만들기 227 | 쌀가게 놀이 228
모래 동산 만들기 229 | 모래 위에 글자 쓰기 230 | 우리 동네 꾸미기 231
연못 만들기 232 | 수로공사 놀이 233 | 터널 파기 234
모래 무게 달기 235 | 작은 정원 꾸미기 236

8. 목공놀이 __ 237

목공놀이 용품 탐색하기 237 | 리듬 막대 만들기 238 | 벽화 꾸미기 239
모루작품 만들기 240 | 무지개색 사다리 만들기 241 | 통나무집 만들기 242
나무토막 자동차 243 | 거미줄 만들기 244 | 배 만들기 245
비행기 만들기 246 | 톱질하기 247 | 주걱 악기 만들기 248

9. 전래놀이 __ 249

앉은뱅이 ▸▸249
대문놀이 ▸▸250
여우야 여우야 뭐하니? ▸▸251
우리 집에 왜 왔니? ▸▸252
수건돌리기 ▸▸253
팔씨름 ▸▸254
딱지치기 ▸▸255
씨름 ▸▸256
닭싸움 ▸▸257
구슬치기 ▸▸258
무궁화꽃이 피었습니다 ▸▸259
제기차기 ▸▸260
윷놀이 ▸▸261

10. 게임 __ 262

촉감 카드게임 ▸▸262
종이 목걸이 모으기 ▸▸263
깃발게임 ▸▸264
눈 가리고 콩 줍기 ▸▸265
함께 들어가기 ▸▸266
성화 전달하기 ▸▸267
자석게임 ▸▸268
여행 소품 ▸▸270

참고문헌 __ 271

Part 1. 이론

Chapter 1. 놀이에 대한 이해

Chapter 2. 놀이와 발달

Chapter 3. 놀이 지도

Chapter 1

놀이에 대한 이해

1. 놀이의 특성

놀이는 모든 시대, 모든 문화권 유아들에게 보편적이고 필수적인 활동이다. 특히 영유아기에는 놀이를 하면서 신체적, 심리적, 인지적으로 성장하기 때문에 놀이와 영유아의 발달은 불가분의 관계에 있다.

놀이의 중요성이 많은 교육학자, 심리학자들에 의해 인식되면서 1800년대부터 최근까지 다양한 관점에서 놀이의 본질을 밝히려는 연구가 이루어졌다. 초기에 일부 학자들은 놀이의 개념을 다양하게 정의하였다. 예를 들어, 18세기 계몽운동가 Schiller는 놀이를 잉여 에너지의 발산으로 규정하였으며 유치원의 창설자인 Froebel은 놀이가 유아의 가장 순수한 정신적 활동이라고 정의하였다. 또한 진보주의 교육자 Dewey는 놀이가 어떤 결과를 얻기 위한 의도적인 활동이 아니며 활동 자체가 목적인 활동이라고 주장하였다.

20세기에 들어서면서 Hutt(1971), Dattner(1969), Levy(1978), Frost와 Klein(1979) 등은 놀이를 하나의 행동 범주로 개념화하면서 유사한 행동(탐색)과 비교하거나 상반되는 행동(일)과 대비시켜 접근하였다. 다음에 놀이와 탐색, 놀이와 일을 서로 간략하게 비교하고 이를 통해 놀이의 특성을 정리해 보고자 한다(이숙재, 2004; 지혜련, 1992).

(1) 놀이와 탐색

놀이와 유사한 행동으로 자주 언급되는 것은 탐색(exploration)이다. Hutt(1971)에 의하면 탐색은 '이 물건의 속성은 무엇일까?' 라는 의문을 풀기 위한 행동인 반면에 놀이는 '이 물건을 가지고 무엇을 할 수 있을까?' 라는 의문에 연관되는 행동이다.

놀이와 탐색의 특성을 좀 더 상세히 비교하면 다음 표와 같다.

〈표 1〉 놀이와 탐색의 특성 비교

	놀이	탐색
시 기	탐색 이후에 나타남	놀이 전에 나타남
대 상	익숙한 물건	새로운 물건
목 표	만족 추구	물건에 대한 정보 획득
행 동	다양한 행동	전형적 행동
태 도	즐거움	진지함

출처 : Johnson, Christie, & Yawkey(1999: 16).

(2) 놀이와 일

놀이의 특성을 밝히기 위해 놀이와 놀이가 아닌 행동, 즉 일(work)을 대비시켜서 설명한 학자로 Levy(1978), Dattner(1969), Frost와 Klein(1979) 등을 들 수 있다. Levy는 놀이의 특성으로 내적 동기, 현실의 유보 및 내적 통제 등을 지적하였고 놀이가 아닌 행동의 특성으로는 외적 동기, 현실, 외적 통제를 지적하였다. 여기서 내적 동기는 행동 자체에서 만족을 얻는 것을 의미하는데, 놀이가 아닌 행동은 대부분 결과에 의해서 만족을 얻는 외적 동기의 영향을 받지만 놀이는 내적으로 동기화된 행동이라는 것이다. 또한 현실의 유보란 놀이 중에 현실이 잠시 동안 정지되어 유아가 현실적 자아를 떠나서 상상적 자아로 변신할 수 있음을 의미한다. 마지막으로 Levy에 의하면 놀이를 하는 유아는 자신에게 책임과 통제권이 있다고 믿음으로써 일을 할 때보다는 외부 요인의 영향력을 덜 받는다고 한다.

Dattner도 놀이와 일을 네 가지 측면에서 비교하였다. 즉, 일은 생계를 유지하기 위해서 강요되지만 놀이는 자발적으로 표출되는 행동이라는 점, 일은 생산과 관련되는 반면에 놀이는 그 자체가 목적인 경우가 많다는 점, 또한 일은 외부에서 강요된 규칙을 따르게 되지만 놀이를 지배하는 규칙은 자발적으로 형성된다는 점, 그밖에 일은 현실 세계에서만 이루어지나 놀이는 현실 세계를 초월할 수 있다는 점을 각각의 특성으로 지적하였다.

한편, Frost와 Klein에 의하면 놀이는 능동적, 자발적이며 재미있고 과정 중심적인 행동인데 비해서 일은 수동적, 강요적이며 단조롭고 외부로부터 부과되는 규칙에 얽매이는 특성이 있다고 한다.

이러한 학자들의 주장을 정리하면 다음 표와 같다.

〈표 2〉 놀이와 일의 특성 비교

놀이	일
자발적	강요적
능동적	수동적
재미있음	단조로움
목표 없음	외적 목표에 얽매임
스스로 시작함	타인에 의해 착수
과정 중심	결과 중심
내적 통제	외적 통제
현실 초월	현실 중심

출처 : Frost & Klein(1979: 21).

(3) 놀이의 특성

이상에서 살펴본 여러 학자들의 관점을 종합하여 놀이의 특성을 정리하면 다음과 같다(이숙재, 2004; Johnson, Christie, & Yawkey, 1999; Sluss, 2005).

1) 놀이는 재미있고 즐겁다.

놀이의 본질은 기쁨과 즐거움이다. 간혹 놀이를 하면서 불안, 공포 등 부정적 정서가 표현되는 경우도 있으나 유아가 놀이 중에 가장 지배적으로 나타내는 정서표현은 기쁨과 즐거움이다.

② 놀이는 자발적이다.

놀이는 내적으로 동기화된 자연스럽고 자발적인 행동이다. 유아는 놀이를 하고 싶은 욕구에 의해 놀이를 스스로 시작하고 능동적으로 참여한다.

③ 놀이는 융통성 있고 가변적이다.

놀이는 정해진 방법에 따라 이루어지는 것이 아니라 놀이하는 유아의 마음, 의지, 생각에 따라 자유롭게 변할 수 있다.

④ 놀이는 상상적이다.

놀이에는 가작화 요소(as-if elements)가 많이 내포되어 유아들은 실제의 사람이나 사물이 마치 '다른 사람이나 사물인 척하는' 놀이를 많이 한다.

⑤ 놀이는 과정 중심적이다.

유아는 결과 중심으로 놀이를 하기보다 놀이하는 과정 자체를 즐기며 놀이과정에서 만족을 얻는다.

⑥ 놀이를 지배하는 규칙은 내부에서 자발적으로 정해진다.

놀이를 할 때 유아는 외부에서 부과되는 규칙에 얽매이지 않는다. 놀이에 필요한 규칙은 대부분 놀이하는 유아들이 함께 결정한다.

2. 놀이의 의의

현대 유아 교육에서 놀이를 유아의 성장발달에 필수적인 활동으로 중요시하는 이유는 놀이가 학습, 평가 및 치료의 측면에서 의의가 크기 때문이다. 놀이의 의의를 살펴보면 다음과 같다(이숙재, 2004).

(1) 놀이와 학습

많은 유아 교육전문가들은 영유아기의 놀이 경험이 그들의 신체적, 사회적, 인지적 학습을 위한 최상의 교육방법이라고 역설한다(이상금, 1987). 이와 같이 놀이가 영유아기 학습의 수단이라고 주장할만한 근거는 무엇일까? 다음 몇 가지 측면에서 놀이와 학습의 관계를 살펴보고자 한다.

① 유아의 학습은 자발적인 동기에 의해 이루어질 때 가장 효과적이다. 다시 말하면, 강요에 의한 학습보다 배우고자 하는 자발적 동기에 의한 학습이 효과적임을 뜻한다. 그런데 놀이도 유아의 자발적인 욕구에 의한 행동이므로 놀이를 통해 학습이 이루어질 때 가장 효과적이라 할 수 있다.

② 유아는 능동적 참여를 통해 학습의 효과를 높이고 폭넓게 배울 수 있는데, 놀이에 몰두하는 유아는 적극적으로 탐색하고 선택, 결정하며 주변의 인적 · 물적 환경과 다양한 상호작용을 능동적으로 하게 된다.

③ 영유아기에는 사물을 직접 만져보고 조작해 보는 구체적인 경험을 통해 학습이 이루어지며 놀이 중에 이러한 구체적 경험을 할 수 있다. 즉, 유아는 여러 가지 놀이를 하면서 다양한 놀잇감을 만지고 탐색하는 직접 경험을 하게 되므로 놀이를 하는 가운데 효과적으로 학습할 수 있다는 것이다.

④ 영유아기의 학습은 반복적으로 이루어져야 효과적이다. 그런데 유아는 자신이 좋아하는 놀이를 반복하는 경향이 있어서 경험이 심화되고 확대되어 개념을 더 확실하게 습득하고 기술을 익힐 수 있다.

⑤ 놀이의 자유롭고 융통적이며 자기 선택적인 특성으로 인해서 유아는 놀이를 하면서 실수나 실패를 두려워하지 않고 몰두하여 다양한 시도를 하면서 스스로 발견하는 학습 기회를 가질 수 있다.

(2) 놀이와 평가

유아는 놀이를 하면서 정서, 신체, 인지, 언어, 사회성 등 자신의 모든 것을 표현하기 때문에 교사들은 놀이 시간에 유아를 관찰함으로써 유아의 평가 자료를 수집할 수 있다. 특히 놀이는 유아가 자발적으로 참여하는 활동이기 때문에 인위적으로 유아를 조사하는 방법보다 자연스러운 상황에서 유아의 있는 그대로를 관찰할 수 있는 장점이 있다.

놀이 관찰을 통해 평가할 수 있는 내용을 살펴보면 다음과 같다.

① 놀이를 하는 유아의 전반적인 발달수준을 평가할 수 있다. 놀이를 하고 있는 유아의 손 동작과 몸의 움직임을 통하여 운동능력을 파악할 수 있으며 언어표현이나 인지반응을 관찰함으로써 언어능력과 지적 능력도 평가할 수 있다. 그밖에 놀이 친구와의 상호작용 정도에 따라서 사회성 발달수준도 파악할 수 있다.

② 놀이를 하면서 유아의 정상적인 발달뿐 아니라 발달상의 문제점이 표출되므로 이를 진단할 수 있다. 놀이 중에 신체적 장애나 정서적 장애, 지적 장애 등을 진단하여 필요한 경우에는 전문가에게 치료를 의뢰해야 한다.

③ 유아의 놀이 행동 자체를 평가할 수 있다. 즉, 유아가 선호하는 놀이 종류 및 놀잇감, 놀이 내용, 놀이 친구, 상호작용, 역할, 놀이 지속시간 등을 평가하여 효율적인 놀이지도의 참고 자료로 활용한다.

(3) 놀이와 치료

놀이는 오래 전부터 정서 부적응 유아를 치료하는 데 사용되어 왔다. 놀이 치료법(play therapy)의 근거는 정서적 문제를 가진 유아가 놀이를 하면서 자신의 감정을 표현함으로써 불안과 긴장을 해소시키고 점차 자신의 문제에 대한 통찰력을 갖게 되어서 자연스럽게 치료가 된다는 것이다.

놀이의 치료적 가치는 정신분석 이론에서 제기되었다. Guerney(1984)는 놀이가 유아의 정서 치료에 유용한 이유 세 가지를 다음과 같이 지적하였다.

① 놀이는 유아의 욕구를 만족시켜 주는 매체의 역할을 한다.

② 유아가 놀이에서 얻는 만족은 놀이결과에 의한 것이 아니라 놀이과정 중에 자연스럽게 얻게 된다.

③ 유아에게 인상 깊었던 사건이나 경험이 놀이 중에 반복적으로 재현되므로 사건에 숙달되거나 동화되어서 문제를 해결할 수 있다.

놀이가 치료에 활용되는 방법은 치료자의 역할이나 치료과정의 구조화 정도에 따라 다양한 접근법이 적용되고 있으며 크게 비지시적 놀이 치료(nondirective play therapy)와 지시적 놀이 치료(directive play therapy)로 구분된다. 비지시적 놀이 치료는 Axline(1969)이 개발한 방법으로 어린이 중심 놀이 치료(child-centered play therapy)라고도 한다. 이 놀이 치료법은 인간에게 자신의 문제를 만족스럽게 해결할 수 있는 능력이 있다는 가정에 기초하고 있다. 따라서 비지시적 놀이 치료에서 치료자는 꼭 필요한 경우에만 지시하고 제한을 가하며 유아가 자유롭게 놀이 경험을 하면서 스스로 문제를 해결하도록 안내하는 역할을 한다. 반면에 지시적 놀이 치료에서는 치료자의 직관, 처방에 따라 유아의 놀이를 지도한다. 즉, 유아에게 놀이의 자유를 전적으로 부여하지 않고 치료자가 놀이 경험이나 놀잇감, 놀이방법 등을 지도하면서 치료한다.

3. 놀이 이론

놀이 이론은 고전적 놀이 이론과 현대적 놀이 이론 두 가지로 나누어진다. 고전적 놀이 이론(classical play theory)은 19세기 말에서 20세기 초까지 Schiller, Spencer, Groos, Hall, Patrick 등에 의해 정립된 이론을 말하고, 현대적 놀이 이론(contemporary play theory)은 현대 심리학의 영향을 받아 좀 더 체계적으로 발전된 이론을 말한다.

(1) 고전적 놀이 이론

고전적 놀이 이론에는 잉여 에너지 이론(surplus energy theory), 연습 이론(practice theory), 반복 이론(recapitulation theory), 휴식 이론(relaxation theory)이 포함된다.(이숙재, 2004; Frost, Wortham, & Reifel, 2005; Hughes, 1995; Johnson, Christie, & Yawkey, 1999; Sluss, 2005).

① 잉여 에너지 이론

Schiller와 Spencer는 놀이가 잉여 에너지의 발산이라고 주장하였다. 즉, 인간은 생존하는 데 필요한 기본 욕구를 충족시키기 위해서 일을 하는데, 기본 욕구가 충족된 후에 남겨진 잉여 에너지를 놀이를 하면서 소모한다는 것이다. 특히 유아는 생존을 위해 일해야 하는 입장이 아니기 때문에 과잉 에너지가 많고 이러한 과잉 에너지를 놀이로 소모하게 되므로 성인에 비해 놀이를 많이 한다는 주장이다.

2 연습 이론

연습 이론을 주장한 Groos에 의하면 유아는 놀이를 통해 성인기에 필요한 기본적인 기술을 연습한다고 한다. 또한 고등 동물이 하등 동물에 비해서 놀이하는 기간이 긴 이유는 고등 동물일수록 미성숙한 상태로 태어나기 때문에 이러한 불완전한 능력을 발달시키기 위해 놀이를 하면서 연습을 한다고 주장한다.

3 반복 이론

반복 이론은 Darwin의 진화론에 근거하여 Hall이 주장한 이론이다. Hall은 유아의 놀이에 인류의 진화과정이 일련의 순서로 나타난다고 보았다. 예를 들어, 어린 유아가 기어 다니며 노는 것은 인간이 네 발로 기어 다니던 진화 시기가 반영된 것이며, 술래잡기 놀이는 인류가 수렵생활을 하던 시대의 경험이 재현되는 것이라고 주장하였다. 이런 견해를 통해 놀이의 목적이 현대의 성인들에게는 더 이상 필요하지 않은 원시적 본능을 제거하는 것이라고 보았다.

4 휴식 이론

Lazarus와 Patrick은 인간이 정신적인 피로감을 풀고 휴식하고 싶을 때 놀이를 한다고 주장하였다. 즉, 사람들은 고도의 집중력이나 섬세한 동작을 필요로 하는 활동을 하면서 생긴 피로감을 풀고 소모된 에너지를 보충하기 위해서 놀이를 한다는 것이다.

〈표 3〉 고전적 놀이 이론

이론	학자	놀이 목적
잉여 에너지 이론	Schiller/Spencer	잉여 에너지의 발산
연습 이론	Groos	성인기에 대비한 기술 연습
반복 이론	Hall	진화과정의 재현을 통해 원시적 본능을 제거
휴식 이론	Lazarus/Patrick	소모된 에너지의 재충전

출처 : Sluss(2005: 48).

(2) 현대적 놀이 이론

현대적 놀이 이론으로 정신분석 이론(psychoanalytic theory)과 인지발달 이론(cognitive-developmental theory)을 소개하고자 한다(이숙재, 2004; Frost, Wortham, & Reifel, 2005; Hughes, 1995; Johnson, Christie, & Yawkey, 1999; Sluss, 2005).

〈표 4〉 현대적 놀이 이론

이론과 학자	놀이의 기능
• 정신분석 이론	
Freud	외상적 경험의 정화
Erikson	자아의 강화
• 인지발달 이론	
Piaget	학습된 개념과 기술의 연습
Vygotsky	추상적 사고력 촉진

출처 : Johnson, Christie, & Yawkey(1999: 9).

1 정신분석 이론

정신분석 이론에서는 놀이가 유아의 정서발달에 중요한 역할을 한다고 본다. 대표적 정신분석학자인 Freud 와 Erikson의 놀이에 대한 이론을 살펴보면 다음과 같다.

가. Freud 이론

Freud에 의하면 인간의 성격은 원초아, 자아, 초자아로 구성되는데 신생아 시기에는 본능적 충동인 원초아에 의해 행동하지만 점차 성장하면서 자아와 초자아가 발달하고 이러한 발달에 놀이 경험이 중요한 기제로 작용한다고 설명한다. 즉, 유아는 놀이를 하면서 실생활에서 인상 깊게 느낀 사건을 표현하고 평상시에 이루기 힘든 희망을 성취하는 경험을 함으로써 유아의 자아가 원초아와 초자아를 조절할 수 있게 되고, 그 결과로 자아가 성숙된다고 주장하였다. 또한 Freud는 놀이의 동기를 기쁨과 만족감을 추구하는 쾌락의 원리로 설명하였으며 놀이의 정화효과(cathartic effect)를 강조하여 유아의 불안, 좌절감, 공격 욕구 등 부정적 정서가 놀이를 통해 해소될 수 있다고 믿었다.

나. Erikson 이론

Erikson(1950)은 유아가 놀이를 통해 자아 기능이 강화되어 정체성이 발달되며 놀이를 하면서 주변 환경에 숙달(mastery)된다고 주장하였다. 또한 유아의 놀이가 세 단계로 발달된다고 보았다. 각 단계를 간략히 설명하면 다음과 같다.

첫째, 자기 세계의 놀이단계(auto-cosmic play)로 유아는 출생하면서부터 1세까지 자신의 신체를 가지고 감각적 운동이나 발성을 반복적으로 시도하는 놀이를 한다.

둘째, 미시영역 놀이단계(micro-sphere)로 2세 영아는 주변의 놀잇감이나 사물을 가지고 놀이를 한다.

셋째, 거시영역 놀이단계(macro-sphere)로 다른 사람과 함께 사회적 상호작용을 하며 놀이를 하는 시기이다.

2 인지발달 이론

인지발달 이론에서는 유아 놀이를 인지발달과 관련지어 설명한다. 인지발달 이론가인 Piaget, Vygotsky의 놀이 이론을 고찰하겠다.

가. Piaget 이론

Piaget(1962)는 놀이 경험이 유아의 인지발달과 긴밀한 관계를 맺는다고 주장하였다. 그는 인간의 인지 행동이 동화(assimilation)와 조절(accommodation) 간의 평형을 통해 이루어진다고 가정하였다. 동화는 외계의 대상을 유아의 인지체계에 맞추어 받아들이는 과정을 말하며 조절은 외계의 대상에 맞도록 유아의 인지체계를 변화시키는 것을 의미한다.

Piaget는 특히 놀이와 모방을 구별해서, 놀이는 조절보다 동화가 우세하게 작용하는 상황인데 반해서 모방은 조절의 연속이라고 설명하였다. 즉, 유아가 모방을 할 때는 현실의 요구조건에 맞게 기존의 사고체계를 적응시키지만 놀이에서는 규칙이나 제한에 구애됨이 없이 유아의 활동에 사물을 예속시키는 일종의 상징적 전환(symbolic transposition)이 이루어지므로 놀이는 거의 순수한 동화라고 할 수 있다는 주장이다.

또한 Piaget는 놀이가 유아의 인지발달 단계에 따라 연습놀이, 상징놀이, 규칙 있는 게임의 세 단계로 발달한다고 주장하였다. 이를 간단히 설명하면 다음과 같다.

- 연습놀이 : 감각 운동기(출생~2세)의 유아는 신체의 감각운동을 연습하는 즐거움 때문에 단순한 놀이 행동을 반복하는 놀이를 한다.
- 상징놀이 : 전조작기(2~7세)의 유아는 사물, 행동, 역할 등을 실제와 다르게 가작화하는 상징놀이를 한다.
- 규칙 있는 게임 : 구체적 조작기(7~11세)에는 주로 규칙이 있는 게임을 한다.

나. Vygotsky 이론

Vygotsky(1976)는 놀이가 유아의 인지발달에 미치는 영향력을 매우 강조하였다. Vygotsky에 의하면 유아는 사물과 의미를 분리하여 생각할 수 없기 때문에 추상적 사고가 불가능하여 실제로 말(horse)을 보지 않고는 말에 대해 생각할 수가 없다는 것이다. 그러나 유아가 막대기를 말로 생각하고 말을 타는 시늉을 하는 상상놀이를 하면서 사물로부터 의미를 분리하여 생각할 수 있게 된다는 것이다. 다시 말해 놀이를 통해 유아의 추상적 사고력이 발달된다는 주장이다.

한편, Vygotsky는 놀이의 사회 · 문화적 맥락을 강조함으로써 놀이를 인지발달 측면에서만 개념화한 Piaget와는 차이를 보였다. Vygotsky는 근접발달지대(ZPD: Zone of proximal development)라는 개념을 통하여 놀이에서 성인이나 또래 역할의 중요성을 역설하였다. 근접발달지대란 유아가 혼자의 힘으로 문제를 해결할 수 있는 실제적인 발달수준과 성인이나 유능한 또래의 도움을 받아 문제를 해결할 수 있는 잠재적 발달수준 간의 거리를 의미한다. 유아가 스스로 문제를 해결할 수 있도록 성인이나 능력 있는 또래가 도움을 제공하는 것을 비계(scaffold)라고 하는데, Vygotsky에 의하면 놀이가 근접발달지대에서 비계의 역할을 하여 유아의 인지발달을 촉진시킨다는 것이다.

Chapter 2

놀이와 발달

1. 놀이와 영유아 발달

영유아는 놀이를 하면서 신체, 인지, 언어, 정서, 사회성, 창의성 등 전인적인 발달이 이루어진다(이숙재, 2004; Frost, Wortham, & Reifel; 2005).

(1) 놀이와 신체발달

- 놀이를 하면서 대 · 소근육을 움직이게 되므로 신장, 체중 등의 신체 성장이 촉진되고 혈액순환, 배설 등의 생리 기능도 증진된다.
- 다양한 놀이를 하면서 걷기, 뛰기, 던지기 등의 기본 운동능력이 향상된다.
- 놀잇감을 보고, 만지고 두드리는 등의 탐색활동을 통해 감각 및 지각 능력이 발달된다.
- 놀이 경험을 통해 위험한 상황을 사전에 파악하고 적절히 대처하는 방법을 실천하여 스스로 자신의 안전을 지킬 수 있는 능력을 기른다.

(2) 놀이와 인지발달

- 여러 가지 놀잇감을 가지고 놀면서 수 개념, 분류 개념, 서열화 개념, 공간 개념, 시간 개념, 보존 개념 등을 자연스럽게 학습할 수 있다.
- 놀이 중에 접하는 새로운 사물이나 상황을 탐색하고 실험하면서 다양한 문제해결 방안을 모색할 수 있다.

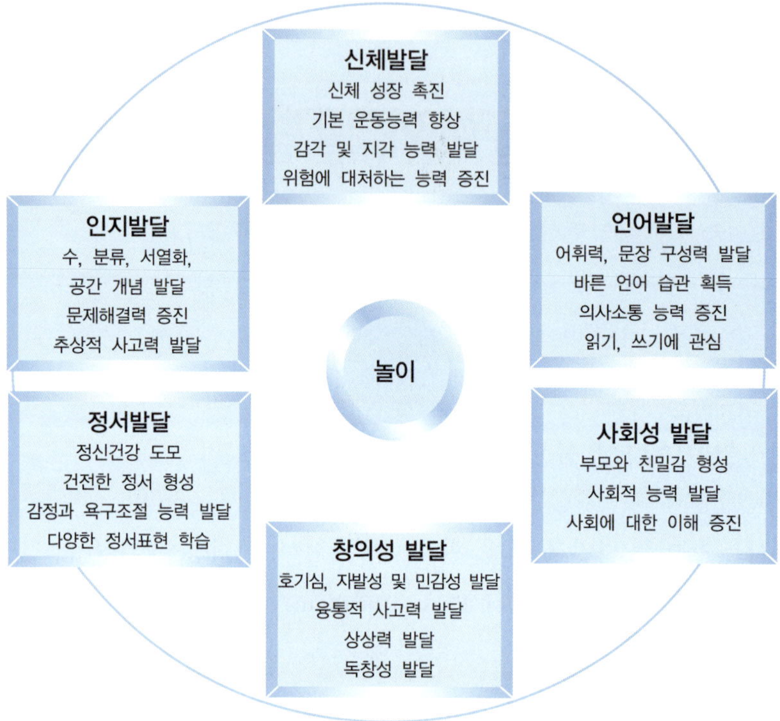

[그림 1] 놀이와 영유아의 전인적 발달

- 사물이나 상황에 상징적 의미를 부여하는 놀이를 하면서 추상적 사고력이 증진된다.

(3) 놀이와 언어발달

- 놀이를 하면서 다양한 어휘를 습득하고 정확한 발음과 목소리로 자신의 생각과 느낌을 적절하게 표현하는 능력을 기를 수 있다.
- 놀이 중에 다양한 상황이나 역할에 적합한 언어를 사용하는 경험을 통해 바른 언어생활 습관을 자연스럽게 익힐 수 있다.
- 친구들과 놀이를 하면서 자기 중심적 언어에서 탈피하여 남의 말을 잘 듣고 이해하며 자신의 의견을 교환하는 의사소통 능력을 기를 수 있다.
- 가게놀이, 우체국 놀이처럼 글자를 접할 기회가 많은 놀이를 하면서 읽기,

쓰기에 관심을 가지고 자발적으로 학습하려고 시도하게 된다.

(4) 놀이와 정서발달

- 유아의 불쾌한 경험을 놀이에 반복하여 표현함으로써 부정적 감정의 강도를 약화시키고 정화시켜서 정신건강에 도움이 된다.
- 놀이 경험을 통해 긍정적인 자아 개념, 성취감, 자신감, 자율성, 인내심 등 건전한 정서를 형성하게 된다.
- 놀이를 하면서 감정을 조절하고 통제하는 방법을 배워서 갈등 상황을 잘 극복해 나갈 수 있다.
- 친구들의 다양한 정서표현 방법을 관찰하여 동일한 정서가 다르게 표현될 수 있음을 깨닫게 된다.

(5) 놀이와 사회성 발달

- 출생 초기에는 부모와 놀이를 하면서 부모에게 친밀감을 갖게 되고 애착 관계를 형성한다.
- 친구와 놀이를 하면서 다른 사람과 더불어 살아가는 데 필요한 사회적 능력, 예를 들어 질서 지키기, 협동하기, 놀잇감 공유하기 등을 배운다.
- 놀이 경험을 통해 주변 사회에 대한 관심, 이해, 지식을 높일 수 있다.

(6) 놀이와 창의성 발달

- 놀이를 하면서 창의성의 정의적 요소인 호기심, 자발성, 민감성이 발달된다.
- 놀이를 통해 다각적인 탐색을 하게 되어 융통성 있게 사고하는 능력이 발달된다.
- 가작화 요소(as-if element)가 내포된 상상놀이를 통해 상상력이 발달된다.
- 놀이를 하면서 새롭고 독특한 아이디어를 생각할 기회가 많아 독창성이 발달한다.

2. 놀이 발달 관련 요인

유아의 놀이 발달에 영향을 미치는 요인은 크게 개인적 요인, 가정환경, 교육환경 등 세 가지로 나눌 수 있다(이숙재, 2004; 최석란, 2005; Hughes, 1995).

(1) 개인적 요인

유아의 놀이 발달은 연령, 성, 지적 능력, 성격 등 개인적 요인의 영향을 받는다.

① 연령

유아는 연령이 증가하여 정신적, 신체적으로 성장하면서 점차 발전된 놀이를 하게 된다. 즉, 연령이 많아질수록 혼자놀이보다는 친구들과 함께 참여하는 사회적 놀이를 많이 하고 놀이 지속시간도 길어진다. 또한 상징놀이의 빈도가 증가하고 놀이 수준도 높아지는 경향을 보인다. 그밖에 복잡한 규칙이나 고도의 기술을 요하는 게임도 할 수 있다(류영의, 2004; 조혜경, 2003; 최진, 1980; Rubin, Watson, & Jambor, 1978).

② 성

유아의 성별에 따라 놀이 유형이나 내용, 선호하는 놀잇감에서 차이를 보인다. 일반적으로 남아는 활동적인 놀이를 좋아하는 반면에 여아는 조용한 정적 놀이를 즐기는 경향이 있으며 남아는 여아보다 전쟁놀이, 거친 신체놀이를 선호하고 상상놀이도 남아가 더 많이 하는 경향을 보인다. 놀이 주제에서도 차이가 나타나서 남아는 병원놀이, 교통기관 놀이를 많이 하고 여아는 소꿉놀이를 더 많이 하였다. 놀잇감에서도 남아는 블록과 자동차 종류를 선호하며 여아는 인형, 소꿉놀잇감을 선호하는 등의 성별 차이를 보인다. 이러한 성별 차이가 발생하게 된 원인으로 생물학적 요인 이외에 전통적인 성 역할에 부합되는 놀이를 강조하는 부모, 교사, 친구의 영향력을 지적하는 학자도 있다(고여훈, 2009; 김영심, 2002; 이지영, 2007; 조경자, 1994; Fagot, 1978).

③ 지적 능력

유아의 지적 능력도 놀이 발달에 영향을 미치는 것으로 밝혀지고 있다. 즉, 몇몇 연구결과에 의하면 상상놀이를 많이 하거나 복잡한 게임을 하는 유아는 지능점수가 높았으며 지적 능력이 낮은 유아는 단순한 놀이를 좋아하는 경향이 있었다(Jeffree & McConkey, 1976; Tizard, Philps, & Plewis, 1976).

한편, 최근에는 놀이가 유아의 인지양식과 밀접하게 연관된다고 주장하는 학자들도 있다(천혜경, 1987; Saracho, 1995). 이들에 의하면 인지양식이 장(field) 독립적인 유아, 다시 말해 사물을 지각할 때 사물을 둘러싼 배경의 영향을 비교적 적게 받는 유아는 단독놀이를 주로 하고 배경의 영향을 많이 받는 장 의존적인 유아는 사회적 놀이를 많이 한다. 그밖에 인지양식이 장 독립적인 유아는 주도적인 놀이 스타일을 보이고 장 의존적인 유아는 추종적 놀이 스타일을 보인다는 연구결과도 있다(권지연, 2002).

④ 성격

유아의 놀이 행동은 개인의 성격에 따라 차이를 보인다. 성격이 외향적인 유아는 주도적인 놀이 스타일을, 내향적인 유아는 추종적 놀이 스타일을 더 많이 나타낸다. 또한 유아의 기질에 따라서도 차이를 보여서 순한 기질의 유아는 놀이 지속시간이 더 길었고 까다로운 기질의 유아보다 추종적인 놀이 스타일을 더 많이 보였다(권지연, 2002; 박춘방, 2006; 조선미, 2000).

(2) 가정환경

가정의 사회경제적 배경, 부모가 유아의 놀이 발달에 영향을 미친다.

① 가정의 사회경제적 배경

유아의 놀이는 가정의 사회경제적 배경에 따라 차이를 보여서 중류층의 유아는 하류층의 유아보다 상상놀이를 더 많이 할 뿐 아니라 연합놀이, 협동놀이, 구성놀이를 더 많이 했다. 또한 하류층 부모들은 중·상류층의 부모에 비해 놀이의 가치나 중요성을 덜 인식하였으며 유아용 놀잇감도 양적으로 불충분하게 제공하는 것으로 나타났다(이숙재, 1984; 이옥자, 1985; Smilansky, 1968). 이와 같이 가정의 사회경제적 수준에 따라 부모의 놀이에 대한 인식이나 가정의 놀이환경에 상당한 차이가 생기게 되어 그 결과로 각 계층 유아의 놀이가 차이를 보이게 되는 것이다.

② 부모

놀이연구자들은 유아의 놀이 발달을 위해서 부모의 관심과 참여가 절대적으로 필요하다고 주장한다. 연구결과에 의하면 유아는 어머니와 함께 놀이를 할 때 혼자 놀 때보다 다양한 상상놀이를 했으며 놀이를 지속하는 시간도 더 길었다. 또한 어머니가 자녀와 역동적으로 상호작용을 할 때 놀이의 질적 변화가 빠르게 진행되었으며 어머니가 놀이의 중요성을 잘 인식하는 경우, 자녀의 놀이 참여도와 만족도가 높았다. 그밖에 아버지의 역할도 놀이 발달에 중요하게 작용하여 아버지가 안 계신 유아들은 역할놀이에서 아버지 역할을 배제한 놀이를 하거나 공격적인 아버지 역할을 하였다(김윤숙, 1992; 정우영, 2007; Dunn & Wooding, 1977).

(3) 교육환경

유아의 놀이 발달은 교육기관의 놀이 공간이나 놀잇감, 친구, 교사 등과 밀접한 관계를 맺는다.

① 놀이 공간

유아교육기관의 놀이실 면적과 공간 배치가 놀이에 영향을 미친다. 놀이실의 면적이 유아 수에 비해 좁은 경우 비참여 행동이나 방관적 행동, 목적 없이 빈둥거리는 행동이 많이 나타났다. 또한 놀이실의 각 영역을 분리대로 경계지어 배치했을 때, 다른 친구를 방해하는 행동이나 뛰어다니는 행동이 감소하고 놀이 지속시간이 더 길어졌다(이정미, 1986; Shapiro, 1975).

한편, 유아교육기관의 실외 놀이터도 유아의 놀이 행동에 영향을 미치는 것으로 밝혀졌다. 즉, 미끄럼틀이나 그네와 같이 고정놀이 시설물만 제공된 실외 놀이터보다는 이동식 놀이 기구(예 사다리, 널빤지 등)가 추가된 실외 놀이터에서 협동놀이, 극 놀이, 구성놀이를 더 많이 하는 것으로 나타났다(노현주, 1995; Campbell & Frost, 1985). 그밖에 실외 놀이환경의 질적 수준이 높은 기관의 유아는 집단놀이를 많이 하고 낮은 기관의 유아는 혼자놀이와 병행놀이를 많이 한다는 연구결과도 있다(김성순, 1998; 김명준, 2000).

② 놀잇감

유아가 가지고 노는 놀잇감의 종류, 특징, 수량에 따라서도 놀이 행동이 영향을 받는다. 유아들은 권총과 같은 놀잇감을 가지고 놀면서 싸우거나 협박하는 등의 반사회적인 놀이 행동을 많이 했다. 또한 퍼즐처럼 용도가 정해진 놀잇감을 가지고는 고정된 사용법대로 놀이를 했으나 블록과 같이 용도가 정해져 있지 않은 놀잇감으로는 다양한 방법으로 놀이를 했다. 그밖에 놀잇감의 수량이 많으면 놀잇감과의 접촉이 많았고 수량이 적으면 친구와의 상호작용이 빈번한 경향을 보였다(이숙재, 1988; Turner & Goldsmith, 1976).

③ 친구

유아는 놀이를 할 때 친구의 영향을 많이 받는다. 또래 친구의 놀이를 관찰하거나 모방하고 상호작용하면서 다양한 관계를 맺으며 서로에게 영향을 미친다. 특히 친구와의 친숙도가 중요하게 작용을 해서 친분이 있는 친구와 놀이를 할 때 사회적 놀이를 더 자주 하고 수준 높은 인지적 놀이에 참여하였다(김보현, 2008; Doyle, Connolly, & Rivest, 1980).

그밖에 영아의 경우에는 놀잇감이 친구와의 놀이에 영향을 미쳐서 영아 간에 발생하는 상호작용의 대부분이 놀잇감을 통해 이루어진다고 한다(Fontaine, 1996).

④ 교사

유아 교사도 유아의 놀이 발달에 중요한 역할을 한다. 즉, 교사가 유아의 놀이에 적절히 개입하면 놀이 지속시간이 길어지며 사회극 놀이가 양적, 질적으로 향상되거나 창의성, 문제해결력이 증진되었다(박경애, 1991; 박춘방, 2006; Smilansky, 1968; Dansky, 1980). 특히 교육기관에서는 유아의 연령이 어릴수록 대부분의 놀이가 교사와 함께 이루어지기 때문에 교사가 영아와 맺는 상호작용의 질이 놀이 참여에 중요한 변인이 된다(이방실, 2009).

3. 연령별 놀이 발달

유아의 연령에 따른 놀이 특징을 살펴보면 다음과 같다(이기숙 · 이은화 · 이영자 · 이숙재, 1995; 이숙재, 2004; 이숙재 · 이봉선, 2008; Hughes, 1995).

(1) 출생~12개월 영아

- 신체놀이 : 앉고 기어 다니며 혼자서 붙잡고 일어서서 걸으며 주변에 있는 물건을 손으로 잡아 탐색하는 놀이를 주로 한다.
- 감각놀이 : 사물을 입에 집어넣거나 잡아 흔들어서 소리를 내며 물이나 주스 등을 엎질러서 손으로 휘젓거나 문지르는 놀이를 반복하며 즐거워한다.
- 성인과의 놀이 : 출생해서 12개월까지 영아의 놀이 상대는 주로 엄마, 아빠, 교사이다. 가정에서는 부모, 교육기관에서는 교사가 하는 놀이를 따라하며 즐거워한다.

(2) 1세 영아

- 신체놀이 : 걷기 시작하면서 움직임이 점차 활발해지고 손동작이 발달하여 밀고 당기는 놀잇감, 굴리는 놀잇감, 스펀지 블록 등을 가지고 대근육 운동 놀이와 조작놀이를 많이 한다.
- 감각운동 놀이 : 손가락을 사용해서 사물을 탐색하는 활동이 왕성해지는 시기이므로 물, 음식, 모래, 낙엽, 인형, 밀가루반죽 등 놀잇감과 주변의 다양한 사물에 관심을 가지고 탐색하며 놀이한다.
- 말놀이 : 말 배우는 속도가 빨라지면서 놀이 중에 한두 단어로 의사표현을 많이 한다. 또한 자신의 신체나 주변의 친숙한 사물 명칭 배우기를 좋아하고, 성인이 들려주는 동화 듣기를 즐긴다.
- 역할놀이 : 빗을 머리에 갖다 대거나 전화기를 들어 귀에 대고 이야기하는

등의 단순한 모방 행동을 한다.

- 사회적 놀이 : 또래와 어울리기보다 대부분은 자신의 놀잇감을 가지고 혼자서 놀이를 하거나 성인과 함께 논다.

(3) 2세 영아

- 신체놀이 : 대근육 운동능력이 발달되어서 층계를 오르내리거나 놀잇감을 끌고 돌아다니는 등의 신체놀이를 좋아한다.
- 감각운동 놀이 : 인지발달 면에서 전조작기가 시작되는 연령이지만 아직도 밀가루반죽이나 물, 모래 등을 가지고 감각적으로 탐색하는 놀이를 즐겨한다.
- 조작놀이 : 눈과 손의 협응력이 발달하여 물건을 다른 물건 위에 포개 쌓는 놀이나 구멍에 모양 맞추어 넣는 놀이를 즐겨한다.
- 쌓기 놀이 : 블록을 이리저리로 옮기거나 한 줄로 길게 늘어놓기, 높게 쌓아서 탑 만들기를 한다.
- 언어놀이 : 문장으로 의사표현을 하면서 다른 사람의 말을 모방하거나 질문하는 것을 즐긴다.
- 역할놀이 : 일상생활에서 경험한 내용, 예를 들어 마루 닦기, 아기 돌보기, 빨래하기 등의 단순한 역할놀이를 좋아한다.
- 사회적 놀이 : 다른 영아에게 관심을 보이고 함께 있는 것을 좋아하지만 자기중심적이고 고집이 세기 때문에 친구와 상호작용을 하면서 놀지는 못한다.

(4) 3세 유아

- 운동놀이 : 기초적인 운동능력이 발달하여 달리기, 세발자전거 타기 등을 할 수 있다.
- 조작놀이 : 소근육 조절능력의 발달로 구슬 꿰기, 퍼즐 맞추기와 지퍼 올리기, 찍찍이 붙이기 등의 활동을 할 수 있다.
- 쌓기 놀이 : 블록을 가지고 폐쇄된 공간을 만들거나 다리를 만들 수 있다. 또한 자신이 만든 구조물에 이름을 붙인다.

- 미술놀이 : 크레파스를 가지고 끼적거리는 놀이를 하거나 가위로 종이 오리기 등을 할 수 있다. 놀이결과에 관심을 보이기 시작하여 자신이 만든 것을 다른 사람에게 보여주고 자랑하면서 만족감을 느낀다.
- 언어놀이 : 언어발달이 현저하게 증진되어 말하는 것을 즐기고 우스운 소리나 말놀이를 좋아한다. 동화책에도 관심을 보인다.
- 역할놀이 : 성인의 역할을 흉내 내는 데 관심이 많아서 엄마, 아빠처럼 가정생활에 관련된 역할놀이를 주로 하며 언어표현을 많이 한다.
- 사회적 놀이 : 사회적 능력이나 기술이 서툴고 부족하여 친구 곁에서 병행놀이를 하는 경우가 많으나 점차적으로 사회적 상호작용을 시도한다.

(5) 4세 유아

- 운동놀이 : 대근육 활동이 매우 활발하며 모험적인 놀이를 즐기는 시기로 한 발로 서기, 정글짐에 오르내리기를 잘 할 수 있다.
- 수 · 조작 놀이 : 지적 자극에 민감하게 반응하는 시기이므로 학습과 연관되는 분류놀이, 수 놀이 등에 흥미를 보인다. 또한 조각그림을 조립하는 퍼즐 맞추기를 즐기고 다양한 일상생활용품을 조작할 수 있다.
- 쌓기 놀이 : 폐쇄 공간과 다리를 혼합한 구조물을 만들며 구조물을 극 놀이에 사용한다.
- 미술놀이 : 크레파스뿐 아니라 물감, 매직펜, 색연필, 풀 등 다양한 재료를 사용하여 그림 그리기, 만들기를 한다.
- 언어놀이 : 성인의 관심과 인정을 받고 싶어하는 욕구가 강하고 언어능력이 발달되어 우스갯소리나 익살을 부리는 말장난, 수수께끼 놀이를 즐긴다.
- 역할놀이 : 역할놀이가 양적, 질적으로 발달한다. 놀이를 시작하기 전에 계획을 세우지만 실제로는 계획대로 놀이를 하지 않는 경우가 많다. 역할놀이의 주제로 병원놀이나 가게놀이처럼 유아가 직접 경험한 내용을 놀이한다.
- 사회적 놀이 : 친구와 함께 놀이에 대해 이야기를 주고받거나 놀잇감을 빌려주는 등 연합놀이를 하지만 친구들과 조직적으로 협동하지는 못한다.

(6) 5세 유아

- 운동놀이 : 자신의 운동 기술을 다양하게 시험해 보는 놀이를 좋아해서 한 발로 뛰거나 스키핑하기, 계단에서 뛰어 내리기, 엎드려서 미끄럼 타기 등의 놀이를 한다.
- 수 · 조작 놀이 : 소근육 조절 기술이 더욱 발달되어 다양한 종류의 퍼즐 맞추기를 잘 할 수 있으며 간단한 바느질도 할 수 있다. 또한 인지능력이 발달하여 두 가지 이상의 속성을 근거로 분류하거나 맞추는 놀이를 할 수 있다.
- 목공놀이 : 목공 연장을 사용하여 단순한 작품을 만들 수 있다.
- 쌓기 놀이 : 블록으로 구조물을 만들기 전에 무엇을 만들 것인지 계획을 세운다. 구조물의 세부장식까지 표현할 뿐 아니라 균형, 패턴 등을 고려하여 만든다.
- 미술놀이 : 인물화 이외에 동 · 식물, 집 등을 그리며 다양한 점토, 폐품을 사용하여 입체 조형물도 만든다.
- 언어놀이 : 동화책 보기를 좋아하며 유아 자신이 동화, 동요를 지어서 다른 사람에게 들려준다. 또한 끝말잇기, 수수께끼 등의 말놀이를 좋아한다.
- 과학탐구 놀이 : 호기심이 많아서 확대경이나 저울, 온도계 등으로 주변에 있는 여러 사물이나 자연물을 관찰하고 실험하는 놀이를 즐긴다.
- 역할놀이 : 사전에 계획을 세우고 역할을 분담하여 놀이한다. 역할놀이의 내용도 다양해져서 유아들이 TV나 책에서 접한 인물이나 사건을 놀이하거나 유아 스스로 내용을 꾸며서 놀이한다. 놀잇감도 다양한 것을 사용할 뿐 아니라 실물과 유사하지 않은 형태의 놀잇감을 사용하거나 놀잇감 없이 가작화를 하는 경우도 있다(예 컵 없이 마시는 시늉을 함).
- 사회적 놀이 : 친구에게 호의적이고 원만하게 상호작용을 하면서 공동의 목표 달성을 위해 서로 도와주고 규칙을 지키며 조직적으로 협동놀이를 한다.
- 게임 : 구체적 조작기로 발달하면서 주사위 게임이나 바둑판 게임, 숨바꼭질, 닭싸움 등과 같이 규칙이 있는 게임을 할 수 있다.

Chapter 3

놀이지도

1. 자유놀이 시간 운영

(1) 자유놀이 시간의 교육적 의의

유아교육기관의 하루 일과 중에 놀이가 이루어지는 시간은 자유놀이 시간 또는 자유선택 활동시간이다. 유아는 자유놀이 시간에 각자 자신의 흥미와 요구, 발달수준에 따라 스스로 선택한 흥미 영역에서 개별적으로 놀거나 다른 유아와 함께 놀이를 한다.

자유놀이 시간은 유아가 교육기관에서 지내는 하루 일과의 1/3~1/2을 차지하는 중요한 시간이다. 이러한 자유놀이 활동의 교육적 의의를 살펴보면 다음과 같다(교육부, 2000; 이숙재, 2004).

① 유아의 개별적인 흥미와 요구에 따라 자발적으로 놀이에 참여하여 구체적인 사물을 직접 다루어 봄으로써 능동적인 학습이 이루어질 수 있다.

② 자유놀이 시간에는 다양한 놀이 활동이 흥미 영역별로 제공된 가운데 유아들이 개별적으로 놀이에 참여하므로 개인차에 따라 개별 학습을 할 수 있다.

③ 유아 스스로 놀이 활동을 계획하여 실행하며 평가하는 과정을 통해 의사결정 능력, 독립심, 책임감을 기를 수 있다.

④ 자유놀이 시간에는 통합교육이 이루어진다. 즉, 유아는 하나의 개념을 여러 흥미 영역에서 놀이 활동을 하면서 반복, 통합하여 학습할 수 있다. 또한 인

지학습뿐 아니라 신체, 정서, 사회성, 창의성 발달 등 모든 영역의 발달이 통합적으로 이루어질 수 있다.

⑤ 자유놀이 시간의 허용적이고 자유로운 분위기에서 놀이를 하면서 친구, 교사와 긴밀한 상호작용을 함으로써 친구나 성인과의 바람직한 인간관계를 체험할 수 있다.

⑥ 유아 개개인의 자유와 흥미가 존중되고 풍부하고 다양한 놀이를 할 수 있는 시간이기 때문에 유아에게 기쁨과 즐거움을 준다.

(2) 자유놀이 시간의 교사 역할

유아 교사는 자유놀이 시간에 놀이를 효율적으로 지도하기 위해서 계획자, 개입자, 관찰자, 관리자의 역할을 해야 한다. 즉, 유아들이 유익한 놀이를 즐겁게 할 수 있도록 사전에 철저하게 계획을 세워야 하며 유아의 놀이를 확장시켜 주기 위해 적절한 시기에 개입하여야 한다. 또한 교사는 유아의 놀이를 주의 깊게 관찰하고 그 결과를 토대로 놀이지도를 해야 한다. 그밖에 놀이환경과 유아를 잘 관리하여 모든 유아가 안전하고 쾌적한 환경에서 놀이할 수 있도록 해야 한다.

1 계획자 역할

자유놀이를 지도하기 위해 교사가 사전에 계획하고 준비해야 할 사항은 놀이 시간, 놀이 활동 및 환경구성, 사전경험 등이다. 이에 관해 살펴보면 다음과 같다(이숙재, 2004).

가. 놀이 시간

교사는 유아교육기관의 하루 일과 중 자유놀이 시간을 언제, 또 얼마 동안 실시할 것인가를 사전에 계획해야 한다. 일반적으로 자유놀이 시간은 놀이 장소에 따라 실내 자유놀이와 실외 자유놀이로 운영되는데, 실내 자유놀이는 유아가 교육기관에 등원하면서 시작하여 약 40분~1시간 동안 지속된다. 이와 같이 실내 자유놀이 시간을 하루 일과의 첫 활동으로 시작함으로써 유아가 나머지 일과에 여유 있고 즐겁게 참여하도록 유도할 수 있다. 한편, 실외 자유놀이는 하루 일과 중 간식시간이나 대집단 활동 후에 30~40분 동안 진행되는 경우가 많다.

그러나 실내 · 외 자유놀이 시간의 순서나 진행시간은 고정된 것이 아니며 여러 상황을 고려하여 융통성 있게 계획되어야 한다. 자유놀이 시간을 계획할 때 고려해야 할 조건은 다음과 같다.

- 유아의 연령 및 발달 수준 : 3, 4세 유아들은 5세 유아에 비해 집단활동에 오래 집중해서 참여할 수 없으므로 유아가 부담 없이 놀 수 있도록 자유놀이 시간을 더 길게 계획해야 한다.
- 유아의 흥미 및 참여도 : 유아가 자유놀이에 흥미를 많이 보이고 참여를 잘하면 자유놀이 시간을 길게 계획한다.
- 시기 : 유아가 교육기관에 적응해야 하는 학기초에는 자유놀이 시간을 길게 계획하여 유아의 흥미에 따라 자유롭게 놀이를 하도록 배려하고, 학기말에는 자유놀이 시간을 단축하여 계획한다.
- 유아교육기관의 교육 방향 및 운영 형태 : 유아의 자발적 참여를 중시하는 개방주의 프로그램을 운영하는 교육기관에서는 자유놀이 시간을 길게 계획한다. 또한 종일제 학급은 반일제 학급에 비해 자유놀이 시간을 길게 하고 횟수를 더 많이 계획해야 한다.
- 날씨 및 기온 : 날씨가 더운 여름철에는 유아가 아침에 등원하면서 실외 놀이를 먼저 하고 기온이 높아지는 낮에 실내 자유놀이를 하도록 계획하는 것이 효과적이다.

유아교육기관의 하루 일과에서 자유놀이 시간의 사례를 반일제, 종일제 학급별로 소개하면 다음과 같다.

〈표 5〉 유아교육기관의 자유놀이 시간

반일제		종일제	
08:30~09:00	등원	08:30~09:00	등 원
09:00~10:20	놀이 계획 및 실내 자유놀이	09:00~10:30	놀이 계획 및 실내 자유놀이

반일제		종일제	
10:20~10:50	정리정돈 놀이 평가 간식	10:30~11:00	정리정돈 오전 간식
10:50~11:10	집단활동	11:00~11:30	집단활동
11:10~11:40	실외 자유놀이	11:30~12:10	실외 자유놀이
11:40~12:00	귀가지도	12:10~13:30	점심 준비 및 점심
		13:30~14:30	낮잠 및 정적 활동
		14:30~16:00	실내 자유놀이 오후 자유 간식
		16:00~16:30	집단활동
		16:30~17:00	실외 자유놀이
		17:00~18:00	평가 및 귀가지도

나. 놀이 활동 및 환경구성

교사는 놀이실의 각 영역과 실외 놀이터에 제공할 놀이 활동과 놀잇감 및 놀이 기구와 시설물 등을 사전에 계획해야 한다. 놀이 활동 및 환경구성을 계획할 때 유의해야 할 사항을 소개하면 아래와 같다.

- 주간교육 계획안과 일일교육 계획안을 작성할 때 각 놀이영역에서 실시할 활동을 구체적으로 명시하고 적절한 환경구성을 계획한다(표 6 참조).
- 유아의 흥미와 발달 정도를 고려하여 너무 쉽거나 어렵지 않으면서 유아의 참여를 적절히 자극할 수 있는 놀이 활동을 계획한다.
- 유아들이 교육적인 놀이를 즐겁고 안전하게 할 수 있도록 놀이 활동을 선정하고 환경을 계획해야 한다.
- 생활 주제와 관련된 놀이 활동을 선정하고 각 영역의 활동이 상호 연관이 되도록 계획한다. 예를 들어, 생활 주제로 '동물'을 선정한 경우, 역할놀이 영역에서 '동물원 놀이', 미술 영역에서 '동물 가면 만들기', 쌓기 놀이영역에서 '아기 돼지 삼형제 집짓기', 음률 영역에서 '동물 움직임 표현하기', 모래 놀이영역에서 '두꺼비집 만들기' 등을 계획할 수 있다.

• 각 놀이영역별로 놀이 활동의 종류와 양을 적절하게 계획한다. 영역에 너무 많은 놀이 활동을 제공하면 유아들이 혼란스러워할 가능성이 있으며 너무 적게 제공하면 단조로워서 놀이에 대한 흥미를 상실하게 만든다.
• 실외 자유놀이도 실내 놀이만큼 중요하므로 유아가 실내 · 외에서 다양한 놀이를 할 수 있도록 세심한 계획과 준비를 한다.

〈표 6〉 주간교육 계획안 (4세 학급)

환경구성		영역별 놀잇감
실내	조 형	마분지, 동물 모양 도장, 물감 접시, 동물 가면 본, 헌 잡지, 색종이, 가위, 풀, 고무줄, 모루, 색솜, 수수깡, 크레파스, 투명 테이프
	수 · 조작	동물 퍼즐, 새알 옮기기(새알, 바구니, 집게), 그림 배경판(바다, 하늘, 숲속), 동물 모형이나 그림, 지점토 동물 모형
	언 어	동물 사진, 동물 소리 녹음 테이프, 카세트, 헤드폰, 동물 수수께끼 자료, 동물 손인형, 인형극 틀, 동화책(고릴라, 곰, 고슴도치가 위험해요, 꼬꼬의 기상나팔, 흰 토끼와 검은 토끼, 브레멘의 음악대 등)
	과 학	새의 깃털, 금붕어, 어항, 개미 사육 상자, 확대경, 자석, 기록지, 사인펜, 색연필, 과학도서 및 사전
	역 할	세 마리 염소 주제극 놀이 소품(아빠 · 엄마 · 아기 염소 머리띠, 도깨비 머리띠, 도깨비 방망이), 동물병원놀이 용품(동물 인형, 침대, 전화기, 붕대, 반창고, 청진기, 주사기, 체온계 등)
	쌓 기	단위블록, 속이 빈 블록, 레고 블록, 우레탄 블록, 종이벽돌 블록, 소품(동물 · 나무 · 사람 모형, 작은 상자, 바구니 등)
	음 률	그림 악보, 노래 녹음 테이프와 카세트, 헤드폰, 악기(리듬 막대, 탬버린, 캐스터네츠, 마라카스, 북, 소고, 장구, 꽹과리), 표현 도구(스카프, 리본 막대)
	컴퓨터	컴퓨터, 프린터, CD-ROM(동물원, 올리의 그림 동화 만들기), 필기 도구
실외	고정시설 및 이동놀이 기구 이외에 게임 도구(후프, 풍선과 풍선채, 깃발, 호루라기 등), 동물 사육 도구(닭, 오리, 먹이통, 물통, 빗자루) 제공	

영역		월(22)	화(23)	수(24)	목(25)	금(26)
실내자유놀이	조형	동물 모양 도장 찍기	→	동물 가면 만들기	→	→
	수 · 조작	동물 퍼즐	새알 옮기기	동물 사는 곳 분류하기	→	→
	언어	동물 수수께끼	→	소리 듣고 동물 짝짓기	→	동물 움직임 이야기하기
	과학	새의 깃털 관찰	내가 좋아하는 동물 표시하기	→	개미, 금붕어 먹이 주기	→
	역할	세 마리 염소 주제극 놀이	→	→	동물병원 놀이	→
	쌓기		동물원 구성하기	→	→	
	음률	리듬 악기 연주	→	동물의 움직임 표현하기	→	→
	컴퓨터	CD-ROM 동물원	→	올리의 그림 동화 만들기	→	→
집단활동		융판동화 (세 마리 염소)	새노래 배우기 (동물의 악기 연주)	게임 (동물처럼 기어가기)	요리 (달걀 삶기)	음악 감상 (피터와 늑대)
간식		감자 튀김, 우유	고구마 맛탕, 우유	채소 수프, 과자	군만두, 주스	떡볶기, 우유
실외자유놀이	운동	평균대 놀이	→	깡충 뛰기 게임	→	
	물 · 모래	두꺼비집 만들기	→	연못 만들기	→	
	목공		거미줄 만들기	→	→	→
	동 · 식물	동물 먹이 주기	→	→	식물 물주기	→
	역할	황금박쥐 놀이	→	→	→	→
비고		유아들과 함께 나뭇잎, 꽃잎, 여러 가지 모양의 돌멩이를 수집하여 물 · 모래 놀이에서 활용한다.				

다. 사전경험

유아의 놀이를 확대시키고 발전시키기 위해서 교사는 놀이와 관련된 다양한 경험을 사전에 제공해야 한다. 예를 들어, 어떤 유아가 음식점 놀이에서 요리사 역할을 맡았는데, 요리사에 관한 기본 지식이나 사전경험이 없다면 음식점 놀이를 하는 데 어려움을 겪을 수 있다.

따라서 교사는 놀이 내용이나 역할에 관한 유아의 이해를 높이고 관련 경험을 풍부하게 제공하기 위해 견학, 자원 인사 활용, 인형극이나 동화책 등과 같이 다양한 사전활동을 계획해야 한다.

② 개입자 역할

교사는 유아의 놀이에 적절히 개입하여 놀이를 촉진, 확장시키는 역할을 해야 한다. 때로는 놀이에 직접 참여하거나 적절한 제언을 하여 놀이를 발전시키도록 도와주어야 한다. 또한 놀이에 참여하지 못하는 유아나 특정 놀이만을 계속하는 유아와 개별적인 상호작용을 함으로써 점진적으로 놀이 발달이 이루어지도록 지도해야 한다.

교사가 유아의 놀이에 개입하는 방법으로 지켜보기, 병행놀이, 공동놀이, 놀이지도, 학습지도 등이 있다(이숙재, 2004; Johnson, Christie, & Yawkey, 1999).

가. 지켜보기

가장 소극적인 개입방법으로 놀이하는 유아를 가까운 거리에서 지켜보면서 머리를 끄덕이거나 미소를 지으며 때로는 '재미있게 놀고 있구나', '무슨 놀이를 하는 거니?' 라고 말을 걸어 관심을 표현한다.

장점

- 교사가 유아의 놀이에 관심이 있으며 놀이를 인정한다는 뜻이 전달된다.
- 교사는 유아의 놀이를 지켜보면서 놀이 활동 전반에 관한 것(놀이 내용, 놀잇감, 놀이 친구 등)을 관찰할 수 있다.

유의점

- 유아에게 부담을 줄 수도 있다.

나. 병행놀이

교사가 유아 곁에서 동일한 놀잇감을 가지고 놀이를 하지만 유아와 상호작용은 하지 않는 방법이다.

장점

- 유아가 편안함을 느끼게 되고 자신의 놀이가 가치 있는 활동이라고 생각하여 오랜 시간 놀이에 몰두하게 만든다.
- 유아가 교사의 놀이를 보면서 새로운 놀이방법을 배울 수 있다.
- 기능놀이와 구성놀이 지도에 효과적인 개입방법이다.

유의점

- 교사와 유아의 관계가 서먹할 때 이 방법으로 개입하면 유아가 어색하게 느껴 놀이를 중단할 수 있다.

다. 공동놀이

교사가 유아의 놀이에 파트너로 함께 참여하는 개입방법이다. 예를 들어, 가게놀이에서 교사가 손님 역할을 하는 등 직접적인 참여를 하지만 유아가 놀이를 주도하고 교사는 이에 따른다.

장점

- 놀이를 활성화시키고 발전시킬 수 있을 뿐 아니라 교사와 유아 간에 친밀감이 형성될 수 있다.

유의점

- 이 개입방법은 유아가 교사를 놀이에 참여하도록 초대하는 경우(예 '선생님이 환자하세요'), 놀이를 진행시키기 위해 교사가 파트너가 되어야 할 경우(예 병원놀이에서 환자 역할을 하려는 유아가 없을 때) 등 꼭 필요한 경우에만 활용한다.

라. 놀이 교수

교사가 놀이에 참여하여 주도권을 가지고 놀이를 이끌어 나가며 유아에게 놀이방법을 가르치는 매우 적극적인 개입방법이다.

장점

- 유아 스스로 놀이에 참여하지 못할 때, 다른 유아와 함께 놀이를 하는 데 어려움이 있을 때, 놀이가 반복되거나 중단될 위험이 있을 때 놀이 교수법으로 개입하면 효과적이다.

유의점

- 이 개입방법은 교사가 주도적으로 지시와 통제를 하기 때문에 유아의 자발적인 놀이 욕구를 침해할 가능성이 있다.

마. 학습지도

교사가 놀이를 통한 유아의 인지학습에 초점을 맞추어 개입하는 방법이다. 즉, 교사는 유아가 놀이를 하면서 인지학습을 하도록 적절한 질문이나 제안을 한다. 예를 들어, 유아가 불자동차 놀이를 하는 경우, 교사가 "불이 나면 몇 번에 전화해야 할까?", "불을 꺼주는 아저씨는 누굴까?" 등의 질문으로 인지학습을 유도하는 것이다.

장점

- 나이가 어린 유아보다는 4, 5세 유아의 자연스런 인지학습에 효과적이다.

유의점

- 유아의 놀이 흐름을 방해할 가능성이 있다.

3 관찰자 역할

유아 놀이지도의 출발점은 관찰에서 시작된다. 따라서 교사는 유아의 놀이를 세밀히 관찰하여 놀이를 확장, 발전시키는 데 필요한 정보를 얻어서 이를 토대로 효율적인 놀이지도를 해야 한다. 놀이 관찰의 의의와 유의사항을 살펴보면 다음과 같다(이은해, 1991; 이은해 · 이미리 · 박소연, 2006; 이정환 · 박은혜, 1995).

가. 놀이 관찰의 의의

- 유아의 발달수준 및 놀이 특징을 파악할 수 있다.

  유아가 자연스럽게 놀이하는 모습을 관찰함으로써 유아의 신체, 인지, 언어,

정서, 사회성 등 각 영역별 발달수준을 파악할 수 있다. 또한 놀이 관찰을 통해 유아가 선호하는 놀이 종류 및 놀잇감, 놀이 친구 등 각 유아의 개별적인 놀이 특징을 파악할 수 있다.

- 놀이 활동 및 놀이실 환경을 계획하고 준비하는 데 필요한 기초 자료를 수집할 수 있다. 교사는 관찰을 통해 알게 된 유아의 발달수준 및 놀이 특징에 기초해서 놀이실의 각 흥미 영역에 제공할 놀이 활동과 놀잇감, 놀이 기구 등을 계획하고 준비할 수 있다.
- 효율적인 놀이 개입이나 지도를 할 수 있다.
  관찰을 통해 교사는 각 유아의 개별적 특성과 놀이 상황에 적합한 개입 시기와 방법을 파악할 수 있다.

나. 놀이 관찰의 유의점

- 유아의 놀이 행동을 객관적으로 정확하게 관찰한다.
  교사는 정확하고 객관적인 관찰을 하기 위해 개인적인 편견이나 감정이 개입되지 않도록 노력해야 한다. 그러기 위해 유아가 놀이를 하면서 실제로 말하고 행동한 것만을 정확하게 관찰하고 기록해야 한다.
- 놀이 관찰의 목적, 주제를 분명하게 정하고 관찰한다.
  관찰을 시작하기 전에 무엇을 관찰할 것인지를 분명하게 정해야 한다. 아무 목적 없이 관찰을 하기보다 주제를 정하고 관찰함으로써 제한된 시간에 효율적으로 관찰할 수 있다.
- 관찰 대상을 정하여 관찰한다.
  보조 교사가 없는 경우, 교사가 자유놀이 시간을 진행하면서 학급의 모든 유아들을 하루에 다 관찰하기는 어려우므로 하루에 7, 8명씩 유아를 선정하여 골고루 관찰한다.
- 놀이지도에 지장이 없는 한, 관찰 즉시 기록한다.
  교사는 관찰 용지와 필기 도구를 늘 주머니에 넣고 다니거나 선반, 피아노 위에 준비해 두었다가 관찰결과를 즉시 기록하도록 한다.
  관찰결과를 기록하는 양식은 일정한 양식 없이 놀이 행동을 그대로 기록하는 서술 형식, 관찰하려는 놀이 행동의 목록을 만들어서 체크로 표시하는 행동 목록 형식, 놀이 행동을 관찰한 후에 그 결과를 여러 등급으로 나누어서 평가하는 평정 척도 형식이 있다. 교사는 평상시 언제, 어디서나 제한 없이 기록할 수 있는 서술 형식으로 기술하고 이를 종합하여 행동 목록이나 평정 척도 형식으로 기록할 수 있다.

- 지속적으로 관찰한다.
  놀이 관찰은 1회로 끝나서는 안 된다. 교육 기간 내내 지속적으로 관찰함으로써 종합적이고 포괄적인 자료를 수집할 수 있을 뿐 아니라 놀이 행동이나 발달의 변화를 파악할 수 있다.

4 관리자 역할

교사는 모든 유아들이 안전한 환경에서 편안한 마음으로 친구들과 즐겁게 놀이를 할 수 있도록 관리하는 역할을 해야 한다. 즉, 놀이에 참여하지 못하는 유아는 없는지, 다른 유아를 위협하거나 공격하는 유아는 없는지, 놀잇감을 혼자서 독점하는 유아는 없는지, 위험하거나 비위생적인 놀잇감이나 놀이 시설물은 없는지, 놀잇감이 용도대로 사용되고 있는지, 정리정돈은 잘되고 있는지 등을 살펴보아야 한다(연세대 어린이생활지도연구원, 1995; 이숙재, 2004; Hohmann & Weikart, 1995).

가. 정서적 후원

교사는 유아들이 자신감을 가지고 적극적으로 놀이에 참여하도록 정서적으로 지원하는 역할을 해야 한다. 유아의 능력을 인정하고 존중하며 친절하고 우호적인 반응을 보여야 한다. 교사는 유아가 놀이를 하는 동안 미소를 짓거나 고개를 끄덕이거나 격려와 칭찬(예 '참, 재미있는 생각을 했구나')을 해 주어서 유아가 놀이에 몰두할 수 있게 도와주어야 한다. 또한 놀이에 참여하지 못하고 배회하거나 시작한 놀이를 끝마치지 못하는 유아에게도 관심을 보이고 적절한 도움을 주어야 한다.

나. 갈등 상황 중재

유아들은 놀이를 하면서 여러 가지 갈등 상황에 직면하게 된다. 특히 유아기에는 자신의 감정과 욕구를 조절하는 능력이 부족하고 기쁨, 슬픔, 분노 등의 감정에 따라 충동적으로 행동하기 때문에 친구와 싸우거나 친구에게 놀잇감을 빼앗기고 따돌림을 당하거나 놀이가 원하는 대로 진행되지 않아 좌절하는 등의 문제상황이 발생한다. 이런 경우에 교사는 유아가 상황에 알맞게 감정을 표현하고 다른 사람의 입장을 수용하며 공공규칙을 이해하고 지키도록 지속적으로 도와주어야 한다. 또한 교사가 직접 개입하여 문제를 해결하기보다는 유아들이 서로 의견을 나누고 조정하는 협의과정을 통해 스스로 문제를 해결할 수 있도록 중재하는 역할을 해야 한다.

다. 정리정돈 지도

놀이 공간을 유아 스스로 정돈하도록 지도하기 위해 교사는 다음과 같은 점에 유의하여 지도한다.

- 놀이 시간이 끝나기 전에 정돈시간을 미리 예고하여서(예 '시계의 긴 바늘이 6자에 가면 놀이 시간이 끝나요') 갑자기 놀이를 중단하지 않도록 준비시킨다. 또한 정돈 후에 실시될 활동을 미리 알려주는 것도 유아의 정리정돈 참여를 유도할 수 있다(예 '정돈 후에는 밖에 나가서 자전거를 탈 거예요').
- 정리정돈하는 것을 놀이처럼 재미있게 실시한다. 예를 들어, 블록을 정돈하는 경우, 유아들을 일렬로 세우고 블록을 릴레이로 전달하여 정리하면 효과적이다.
- 유아가 정돈을 하면서 서로 협동하는 것을 배우게 한다. 무거운 물건은 서로 도와서 운반하게 하고 정리를 끝내지 못한 친구를 도와주도록 격려한다.
- 정리정돈은 놀이가 끝나는 시간뿐 아니라 놀이가 진행되는 중에도 이루어지도록 강조한다. 놀잇감을 사용한 후에는 꼭 제자리에 갖다 둔 다음에 다른 놀잇감을 사용하고 의자에서 일어난 후에는 의자를 책상 안으로 밀어넣는 등 정리정돈이 습관화되도록 지도한다.

라. 놀잇감 및 놀이 시설물 관리

놀이환경이 잘 조성되었다 하더라도 지속적으로 관리하지 않으면 효율적으로 활용될 수가 없다. 따라서 교사는 놀잇감을 놀이영역이나 생활 주제 또는 놀이 종류 등에 따라 분류하고 목록을 작성하여 체계적으로 보관해야 한다. 놀잇감 목록 카드에는 놀잇감 명칭, 사용 대상 유아 연령, 특성, 수량, 가격, 구입처 등을 기재하여 학기별로 현황 파악을 하면 관리가 용이하다. 또한 정기적으로 모든 놀잇감과 놀이 시설물을 점검해서 망가진 것은 수리하고 위험한 것은 치우며 늘 청결을 유지하는 등의 적절한 관리를 해야 한다.

2. 놀이환경

유아가 놀이에 참여하여 다양한 경험을 할 수 있도록 교사는 안전하고 풍부한 놀이환경을 조성해 주어야 한다. 본 절에서는 환경을 실내 놀이실, 놀잇감, 실외 놀이터로 나누어서 살펴보고자 한다.

(1) 실내 놀이실

유치원이나 어린이집의 실내 놀이실 환경을 구성할 때 기본적으로 고려해야 할 조건과 영아 놀이실과 유아 놀이실 구성에 대해 소개하면 다음과 같다.

① 실내 놀이실 환경구성 조건

실내 놀이실을 구성할 때 참고해야 할 조건은 유아의 연령 및 인원수, 교육기관의 특성, 안전과 위생, 융통성과 변화 등이다. 이를 상세히 살펴보면 다음과 같다(이기숙 · 이은화 · 이영자 · 이숙재, 1995; 이숙재, 2004: 156-159).

가. 유아의 연령 및 인원수

학급의 실내 놀이실은 유아의 연령 및 발달 수준, 흥미, 인원수 등을 고려하여 구성되어야 한다. 즉, 놀이실을 사용할 유아의 개별적인 능력과 요구, 장애 유무, 인원수에 따라 환경을 조성해야 유아의 성장을 촉진시키는 놀이가 이루어질 수 있다. 예를 들어, 영아 학급의 놀이실은 유아 학급에 비해 안정되고 아늑하게 조성해 주며 유아 학급보다 놀이영역의 종류도 적게 배치한다. 또한 발달 특성을 고려하여 다양한 감각활동과 자연물을 관찰하고 탐색할 수 있는 영역, 움직임의 요구를 만족시켜 주는 놀이영역을 조성한다.

나. 교육기관의 특성

놀이실의 공간 구성은 유아교육기관의 유형이나 지역 특성에 따라 달라진다. 반나절 운영되는 교육기관에 비해서 종일제로 운영되는 교육기관의 놀이실은 가정과 같이 편안하고 아늑한 분위기로 환경구성을 해야 한다. 또한 교육기관이 위치한 곳의 지역적 특성이나 문화적 배경을 고려해서 공간을 구성하고 놀잇감을 제공해야 유아들이 이질감을 느끼지 않고 편안한 마음으로 놀이할 수 있다.

다. 안전과 위생

놀이실 구성에서 최우선으로 고려해야 할 사항이 안전문제이다. 유아들은 각종 안전사고를 일으킬 가능성이 많기 때문에 안전한 놀이환경을 조성해 주어야 한다. 교사는 안전한 환경을 제공하기 위해 놀잇감, 책상 및 교구장, 바닥, 공간배치에 문제점은 없는지 지속적으로 점검해야 한다.

그밖에 놀이실은 밝고 청결하며 환기가 잘 되어야 한다. 특히 영아 학급 놀이실에서는 정적 활동 이외에 동적 활동도 빈번히 일어나므로 환기, 통풍 문제에 세심한 배려를 해야 한다. 또한 눈이 부시지 않는 적절한 조명과 햇빛을 조절할 수 있는 커튼이나 블라인드도 필요하다.

라. 융통성과 변화

놀이실 공간은 적절한 시기에 재구성되어야 한다. 놀이실 환경을 1학기나 1년 동안 고정 불변하게 그대로 두어서는 안 된다. 생활 주제에 맞추어서 1개월에 1, 2회 정도 재구성하여 변화를 주므로써 다양한 환경을 제공한다. 이와 같이 놀이실을 재구성함으로써 생기는 효과는 다음과 같다.

첫째, 유아들이 놀이실에 싫증을 느끼지 않는다.

둘째, 유아의 반응과 참여도에 따라 놀이실 환경이 계속적으로 수정, 보완되므로 놀이의 효과를 높일 수 있다.

셋째, 생활 주제에 적합한 환경이 조성될 수 있다.

② 영아 놀이실

출생~2세 영아가 유아교육기관에서 즐겁고 안전하게 놀이에 참여하기 위해서는 물리적 환경이 잘 조성되어야 한다. 나이가 어린 영아일수록 놀이실을 집과 같이 아늑하고 안정적인 분위기로 조성하며 영아의 발달수준에 적합하고 안전하게 구성해 준다. 영아 놀이실은 신체놀이 영역, 탐색놀이 영역, 말놀이 영역, 상징놀이 영역, 표현놀이 영역으로 구분하여 환경구성을 한다.

영아용 놀이실 환경을 구성할 때 고려해야 할 기본 원리를 살펴보면 다음과 같다(이숙재, 2004; 장영희, 1995; Sluss, 2005).

가. 안전과 위생

영아는 자신의 안전과 건강을 스스로 지킬 수 있는 능력을 갖추지 못하여 주변의 보호를 받아야 한다. 그러므로 영아를 위한 놀이실 환경의 모든 요소는 안전과 위생에 초점을 맞추어서 구성되어야 한다.

나. 정서적 편안함

유아교육기관에서 많은 시간을 보내는 영아를 위해 가정과 같은 안정된 환경을 조성해 주어야 한다. 특히 발달 특성상 영아는 부모와 격리되는 것을 불안해하고 낯선 사람과 낯선 환경에 대한 불안감을 나타내므로 영아가 정서적으로 안정되고 편안함을 느낄 수 있도록 환경을 조성해 주어야 한다.

다. 탐색 욕구

영아는 새로운 것에 대한 호기심이 많아서 끊임없이 탐색을 한다. 따라서 영아용 놀이실 환경은 영아가 다양한 자연물, 주변 사물, 놀잇감을 흥미를 가지고 관찰하고 탐색할 수 있도록 조성되어야 한다.

라. 움직임 욕구

영아는 걷고, 뛰고, 기어 오르내리는 등 잠시도 쉬지 않고 분주하게 움직인다.

이런 특성을 감안하여 실내 놀이실에서 영아가 자유롭게 활발히 움직일 수 있도록 환경을 구성해 주어야 한다.

③ 유아 놀이실

유아 학급의 실내 놀이실은 쌓기 놀이영역, 수 · 조작 놀이영역, 역할놀이 영역, 언어영역, 창의적 극 놀이영역, 미술 영역, 과학영역, 음률 영역, 컴퓨터 영역 등의 놀이영역별로 구분해서 각 영역에 필요한 공간과 놀잇감을 제공하는 것이 바람직하다. 놀이실을 영역별로 배치함으로써 다음과 같은 효과를 기대할 수 있다(이숙재, 2004).

- 각 영역별로 놀이에 필요한 공간과 놀잇감이 제공되어서 유아가 더 발전된 놀이로 확대시킬 수 있다.
- 여러 영역 중에서 유아가 원하는 놀이를 선택하여 참여하게 되므로 의사결정 능력과 자율성 및 독립심이 발달된다.
- 놀이영역 간의 경계가 뚜렷하게 나누어지기 때문에 다른 영역에 있는 유아의 방해를 받지 않고 오랜 시간 동안 놀이에 집중할 수 있다.
- 여러 놀이영역에서 놀이를 하면서 폭넓고 다양한 경험을 통합적으로 할 수 있다.

한편, 유아의 놀이 활동은 영역을 어떻게 배치하느냐에 따라 영향을 받게 되므로 놀이실의 면적, 유아의 연령과 인원수, 교육철학 등을 고려하여 효과적으로 배치해야 한다. 놀이영역의 배치에서 유의할 점은 다음과 같다(이숙재, 2004: 159-160).

첫째, 놀이의 활동성과 소음을 기준으로 하여 정적 놀이영역(예 언어영역, 과학영역)과 동적 놀이영역(예 음률 영역)으로 구분해서 배치함으로써 각 영역의 놀이가 서로 방해를 받지 않고 진행될 수 있게 한다.

둘째, 한 영역에서 다른 영역으로 이동하기 쉽도록 배치한다.

셋째, 서로 연관되는 영역(예 쌓기 놀이영역과 역할놀이 영역)은 인접하게 배치하여 놀이 효과를 높인다.

넷째, 각 영역을 구분하기 위해서 교구장이나 칸막이를 L, U자형으로 설치한다. 칸막이의 높이는 유아의 키 정도로 낮아야 하며 놀이영역에 따라 필요한 공간 면적이나 통로를 고려해서 설치한다.

다섯째, 놀이영역의 배치를 필요에 따라 쉽게 변경시킬 수 있도록 한다. 즉, 교구장이나 칸막이를 이동하기 쉽게 제작하여 유아의 요구나 참여 인원수에 따라 영역을 확대, 축소시키거나 위치를 이동하기 편리하게 한다.

여섯째, 교사가 학급의 전체 유아를 돌보고 지도하는 데 불편함이 없도록 놀이영역이 배치되어야 한다.

(2) 놀잇감

놀잇감은 유아의 흥미를 유발시키고 놀이 진행과정에서 매개 역할을 하는 사물을 지칭한다. 놀잇감에는 놀이용으로 판매되는 놀잇감 이외에 생활용품(예 냄비, 병, 단추)이나 자연물(예 나뭇잎, 열매, 돌멩이) 등 다양한 것들이 포함된다.

놀잇감은 종류뿐 아니라 질적 수준도 다양해서 어떤 놀잇감은 교육적인 반면에 비교육적이거나 위험한 놀잇감도 있다. 유아의 성장과 발달에 도움이 되는 놀이 경험을 할 수 있도록 교육적이고 안전한 놀잇감이 제공되어야 한다.

영유아용 놀잇감을 선택하거나 제작할 때 고려해야 할 기준은 안전성, 적합성, 교육성, 내구성 등인데 이를 상세히 살펴보면 다음과 같다(김정준 · 김정화 · 신유림, 1999; 이숙재, 2004: 169-172).

가. 안전성

놀잇감의 기준으로 무엇보다 중요한 것은 안전성이다. 유아들은 위험한 상황에 대한 인식능력이 부족하고 스스로를 보호하는 능력이 미성숙하므로 유아의 안전을 위협하는 불량 놀잇감은 제거되어야 한다. 놀잇감의 안전성을 점검하는 기준은 다음과 같다.

- 재질 및 페인트 : 플라스틱이나 금속 재질, 페인트의 유해성 여부
- 강도 : 쉽게 망가지거나 부속품이 잘 떨어지는지 여부
- 크기 및 무게 : 입으로 삼킬 위험성과 무거워서 떨어뜨릴 가능성
- 모양 : 날카로운 모서리나 뾰족한 끝부분
- 끝손질 : 표면이나 바느질 처리, 접합부분의 마무리가 잘 되었는지 여부

나. 적합성

놀잇감은 다음과 같이 여러 측면에서 적합한 조건을 갖추어야 한다.

유아의 발달수준에 적합

놀잇감의 형태, 크기, 난이도가 유아의 연령 및 발달 수준에 적합해야 한다. 발달에 부적합한 놀잇감은 유아에게 좌절감을 주거나 놀이에 대한 흥미를 잃게 만들 수 있다.

유아의 흥미와 요구에 적합

놀잇감은 유아의 흥미와 관심을 끌 수 있도록 형태, 색상, 기능이 매력적이어야 유아가 싫증을 내지 않고 지속적으로 가지고 놀이를 한다.

사회 · 문화적 가치에 적합

놀잇감은 유아의 사회 · 문화적 환경에 적합해야 한다. 즉, 고정된 성 역할 개념을 강조하는 놀잇감(예 의사는 남성, 간호사는 여성으로 표현된 인형), 유아의 공격성을 자극하는 놀잇감(예 권총, 탱크), 유아의 생활환경에 맞지 않는 놀잇감 등은 바람직하지 않다.

다양한 활용에 적합

놀잇감의 활용도를 높이기 위해서는 놀이방법이 한정된 놀잇감보다는 다양한

용도로 활용할 수 있는 놀잇감이 적합하다. 놀이방법이 제한되면 놀잇감의 활용 가치가 떨어진다.

다. 교육성

놀잇감은 유아의 신체, 인지, 정서, 사회성 발달을 촉진시키는 교육적 기능을 해야 한다.

- 신체발달 증진

놀잇감을 가지고 신체활동에 즐겁게 참여함으로써 유아의 대·소근육의 운동 능력과 협응력이 발달하고 다양한 감각경험을 할 수 있어야 한다.

- 인지발달 촉진

유아의 호기심과 탐색 행동을 자극하는 놀잇감을 통해 다양한 구체적 경험을 하고 확산적 사고력과 문제해결력을 촉진하며 유아의 상상력과 창의성을 고취시킬 수 있어야 한다.

- 사회·정서 발달 증진

유아가 또래와 함께 놀잇감을 가지고 놀면서 성취감과 안정감을 느끼고 유아들 간에 언어적, 사회적 상호작용을 활발하게 할 수 있어야 한다.

라. 내구성

유아교육기관에 제공되는 놀잇감은 많은 유아들이 지속적으로 사용하므로 망가지는 경우가 많다. 따라서 놀잇감을 구입하거나 제작할 때는 놀잇감의 내구성을 고려해야 한다. 내구성은 놀잇감의 재질이나 구조, 각 부품의 견고한 부착 등에 의해서 결정될 뿐 아니라 보관과 관리가 얼마나 용이한가도 중요하게 작용한다. 즉, 놀잇감을 튼튼하게 잘 만드는 것도 중요하지만 보관과 관리를 하기 쉽도록 제작되어야 놀잇감을 오래 사용할 수 있다.

(3) 실외 놀이터

유아교육기관의 실내 놀이만으로는 유아의 놀이 욕구가 충족되지 않으므로 마음껏 뛰어놀며 심신을 단련시킬 수 있는 실외 놀이터가 제공되어야 한다.

일반적으로 실외 놀이터에서는 유아들이 활발한 신체활동만 하는 것으로 인식하는 경우가 많으나 실외에서도 다양한 놀이가 이루어지기 때문에 실내 놀이 못지않게 교육적으로 의의가 크다. 실외 놀이의 의의는 다음과 같다(이숙재, 2004).

- 유아가 신선한 공기를 마시며 여러 가지 신체운동을 자유롭게 하면서 신체발달이 촉진되고 기본 운동 기술이 증진된다.

실내에서 놀이를 할 때는 공간이나 소음문제 때문에 행동의 제약을 많이 받으나 실외에서는 뛰고 달리고 놀이 기구에 매달리는 등의 대근육 활동을 마음껏 할 수 있어서 신체가 발달하고 운동 기술이 촉진된다.

- 실외의 자연환경에서 다양하고 풍부한 감각경험을 함으로써 인지발달이 이루어진다.

유아가 실외에서 놀면서 날씨, 바람의 세기 및 습도 등을 감각적으로 느껴보고 나무, 꽃, 흙, 나비, 개미, 햇빛과 그림자, 구름과 비 등 자연물이나 자연현상을 관찰하고 탐색을 하면서 인지발달이 촉진된다.

- 실외의 개방된 공간에서 유아–유아, 유아–교사 간에 다양한 사회적 상호작용을 경험함으로써 사회성 발달이 이루어진다.

실외 놀이 기구를 함께 사용하기 위해 차례를 지키고 서로 양보하고 손을 잡아주며 교사에게 도움을 요청하는 등의 협동적인 놀이 경험을 통해 사회성 발달이 증진된다.

- 실외의 개방된 공간에서 유아가 해방감을 느끼며 자유롭게 활동하고 기뻐하면서 정서발달이 이루어진다.

유아가 실외에서 긴장감을 해소하며 자연을 아끼고 동 · 식물을 보살피며 자연 속에서 휴식을 취하면서 정서적 안정을 얻게 된다.

- 실외에서 쌓기 놀이, 목공놀이, 미술 활동을 하면서 창의성이 발달한다.

유아는 실외에서 큰 블록이나 상자, 속이 빈 블록 등을 가지고 쌓기 놀이를 즐긴다. 또한 날씨가 좋을 때는 화판 그림이나 찰흙빚기 등의 미술 활동과 목공놀이를 하는 데 이런 놀이 경험을 통해 창의성 발달이 증진된다.

이와 같이 유아교육기관의 실외 놀이터에서 유아들이 자연과 더불어 폭넓은 놀이 경험을 하도록 지도하기 위해서는 환경이 잘 조성되어야 하고 안전관리가 철저하게 이루어져야 한다.

1 실외 놀이터 환경구성 원리

실외 놀이터의 환경을 구성할 때 적용해야 할 원리는 다음과 같다(이숙재, 2004).

첫째, 실외 놀이터의 위치는 남향에 배치하여 햇볕이 잘 들도록 하며 충분히 넓은 공간을 확보하여 유아들이 마음껏 활동하도록 한다. 실외 놀이터의 최적 면적에 대해서는 학자마다 의견이 다르나 유아 1인당 2.5~5.5평이 적절하다.

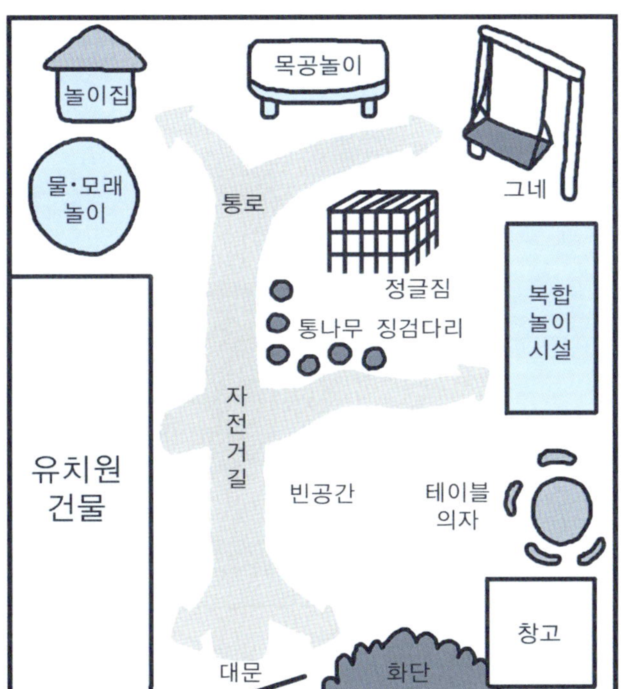

[그림 2] 실외 놀이장 공간구성의 예

둘째, 지면은 용도에 따라 흙, 모래, 잔디, 아스팔트나 시멘트 등 다양하게 구성한다. 즉, 유아가 안전하게 뛰어놀거나 게임을 할 수 있도록 잔디를 깔고 자전거를 탈 수 있도록 아스팔트 길을 만든다. 또한 높은 곳에서 떨어질 위험이 있는 장소에는 바닥에 모래를 깔아 놓는다.

셋째, 실외 놀이터에서는 여러 유아들이 함께 놀이를 하므로 한 장소에서 다른 장소로 이동하기 편리해야 하며 이를 위해 통로가 있어야 한다.

넷째, 유아들이 다양한 놀이를 효율적으로 즐길 수 있도록 실내처럼 여러 놀이 영역, 예를 들어 운동놀이 영역, 물 · 모래 놀이영역, 목공놀이 영역, 동 · 식물 기르기 영역, 역할놀이 영역, 정적 놀이영역, 전래놀이 영역, 개방된 빈 공간을 배치한다. 서로 연관되는 놀이영역은 인접하게 배치하여 놀이 효과를 높이며 각 영역에는 다양한 종류의 놀이 기구나 시설물, 놀잇감을 충분히 준비한다.

다섯째, 그네, 미끄럼틀처럼 고정된 놀이 시설물 이외에 이동이 가능한 기구, 예를 들어, 널빤지, 받침대, 사다리 등을 제공하여 실외 놀이 공간을 효율적으로 활용하게 한다.

여섯째, 실외 놀이터에는 놀이 기구가 설치되지 않은 개방된 빈 공간을 전체 면적의 1/3~1/2 정도 확보하여 게임을 하거나 이동놀이 기구를 설치하는 등 다양하게 활용한다.

2 안전관리

유아교육기관에서 발생하는 안전사고는 실외 놀이터에서 일어나는 경우가 많다. 특히 실외 놀이터는 실내 놀이실과는 달리 여러 연령층의 유아가 함께 사용하는 경우가 대부분이기 때문에 체계적인 안전관리가 꼭 필요하다. 실외 놀이터의 안전관리 방안을 살펴보면 다음과 같다(이숙재, 2004: 200-204).

가. 유아 발달수준에 적합한 놀이 시설물 설치

유아가 사용하는 놀이 시설물이 발달수준에 부적합하게 디자인되거나 불안전하게 설치되면 사고발생의 위험이 커진다. 따라서 이용하는 유아의 연령, 신체조건 및 운동능력 수준, 위험대처 능력 등을 고려하여 시설물의 높이, 간격, 크기, 재료 등을 결정하도록 한다. 가능하면 연령에 따라 3세 미만 영아용 놀이 시설물과 3~5세 유아용 시설물을 별도로 설치하는 것이 효과적이다. 그밖에 각 놀이 시설물의 특징, 용도 등을 고려하여 적절한 위치에 배치해야 사고를 예방할 수 있다. 예를 들어, 각 시설물 사이에는 적절한 간격을 두어서 유아들 간의 충돌을 피한다. 특히 작동 범위가 넓은 그네의 주변에는 앞 · 뒤로 충분한 공간을 확보하여 설치하도록 한다.

나. 충격 흡수용 바닥재 설치

실외 놀이터에서 일어나는 타박상, 골절 등 안전사고의 대부분이 추락에 의해서 발생한다. 따라서 유아의 안전관리를 위해 놀이 시설물을 설치하는 바닥과 주변에 충격을 흡수할 수 있는 바닥재를 설치하여야 한다. 충격 완화용 바닥재로는 모래(20~25㎝), 고무매트가 활용된다.

다. 정기적인 안전점검

실외 놀이터에 설치된 놀이 시설물은 햇빛, 비, 바람 등에 그대로 노출될 뿐 아니라 여러 유아들이 함께 사용하므로 파손되기 쉽다. 시설물의 갈라진 틈새나 날카로운 모서리를 그대로 방치하면 유아들이 큰 사고를 당할 수 있다. 시설물의 안전점검을 정기적으로 실시하여 위험 요소가 발견되면 즉시 처리해야 한다. 구체적인 안전점검 사항은 다음과 같다.

첫째, 놀이 시설물의 돌출부분, 뾰족한 끝이나, 날카로운 모서리
둘째, 시설물을 연결하는 죔쇠나 시설물 간의 틈새
셋째, 플라스틱 제품의 균열
넷째, 망가지거나 떨어져나간 부품
다섯째, 울퉁불퉁하거나 미끄러운 바닥
여섯째, 유해한 식물과 곤충

라. 체계적 안전지도

실외 놀이터를 이용하는 유아들이 자신의 안전을 지킬 수 있는 능력을 기르도록 지도한다.

첫째, 유아들과 함께 안전규칙을 만드는 기회를 통해 유아 스스로 안전의 필요성을 깨닫도록 지도한다.

둘째, 유아에게 놀이 시설물의 올바른 사용법을 설명해 주거나 시범을 보여 안전지도를 할 수 있다.

셋째, 유아가 너무 겁을 먹거나 무모한 행동을 하지 않고 단계적으로 새로운 시도를 해 보도록 지원하고 격려해 준다.

넷째, 실외에서 놀이할 시간이 충분하지 않으면 유아들이 서두르다 사고를 낼 수 있으므로 안정되고 여유 있게 놀이를 하도록 실외 놀이 시간을 충분히 제공한다.

3. 영아 놀이지도

본 절에서는 2세 이하 영아의 놀이지도 방안을 영아 연령별 발달 특성과 영아 놀이 유형별로 나누어서 살펴보고자 한다(이숙재, 2004; 이영 · 김온기 · 우현경, 2006; 최석란 · 서원경 · 이현옥 · 박선화 · 신지연, 2008).

(1) 영아 발달 특성에 따른 놀이지도

영아기는 인간의 전 생애에서 가장 급격한 발달이 이루어지는 시기이다. 영아

의 놀이지도에서 교사는 연령별 발달 특성을 잘 파악하여 이에 적합한 상호작용을 함으로써 놀이가 활성화되도록 지원하는 역할을 하여야 한다. 놀이지도 방안을 영아의 연령에 따라 출생~12개월, 1세(13개월~24개월), 2세(25개월~36개)로 나누어 살펴보면 다음과 같다(김경란, 2006; 김정준 · 김정화 · 신유림, 1999; 이영 외, 2006; 최석란 외, 2008; 황인애, 2010; Frost, Wortham, & Reifel, 2005; Hughes, 1995; Segal, 1985; Segal & Adcock, 1985).

1 출생~12개월 영아

출생하여 생후 1년 동안은 영아의 신체, 정서, 사회성 발달이 빠르게 이루어지는 시기이므로, 교사는 이러한 발달 특성을 고려하여 놀이지도를 한다.

출생~12개월 영아의 발달 특성	놀이지도
• 혼자 앉기, 서기, 걷기 등의 신체발달 • 감각기관을 이용한 탐색 활발 • 다른 사람과 사회적 관계 시작	• 신체놀이 격려 • 다양한 감각놀이 제공 • 놀이 파트너 역할 • 안전관리

[그림 3] 출생~12개월 영아의 발달 특성에 따른 놀이지도

가. 신체놀이 격려

이 시기의 영아들은 움직임에 대한 요구가 강할 뿐 아니라 다양한 방법으로 신체를 움직이는 것에 재미를 느끼며 능동적으로 반응한다. 교사는 영아가 신체발달 수준과 흥미에 맞추어서 자신의 몸을 자유롭게 움직이는 놀이를 할 수 있도록 도와주어야 한다. 예를 들어, 영아의 팔을 잡아 올리기, 팔과 다리 오므렸다 펴기, 기어가기, 공 잡아당기기, 유모차 붙잡고 혼자 일어서거나 걷는 연습하기 등의 놀이를 하도록 도움을 주고 격려한다.

 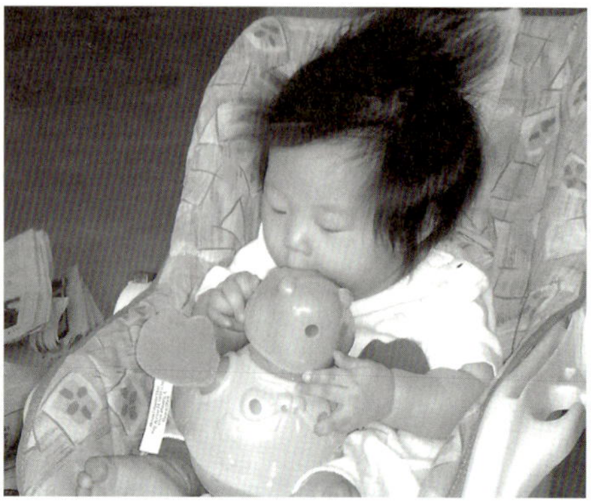

나. 다양한 감각놀이 제공

영아는 세상에 태어나서 보고, 듣고, 만지고, 냄새 맡고, 맛보는 등의 탐색활동을 활발하게 한다. 교사는 영아의 탐색 행동을 적극적으로 지원하기 위해 다양한 감각놀이 기회를 제공한다. 즉, 영아가 호기심을 가지고 다양한 감각경험을 하도록 색깔이나 형태, 소리가 다양한 놀잇감을 제공한다. 그밖에 영아가 일상생활 속에서 감각경험을 즐기도록 배려한다. 예를 들어, 젤리, 국수, 크래커, 이유식 등 다양한 음식을 먹으면서 촉각, 후각, 미각을 경험하게 한다. 또한 목욕을 하거나 거울을 보면서 옷을 입고 벗을 때에도 영아가 다양한 감각경험을 놀이처럼 즐겁게 하도록 한다.

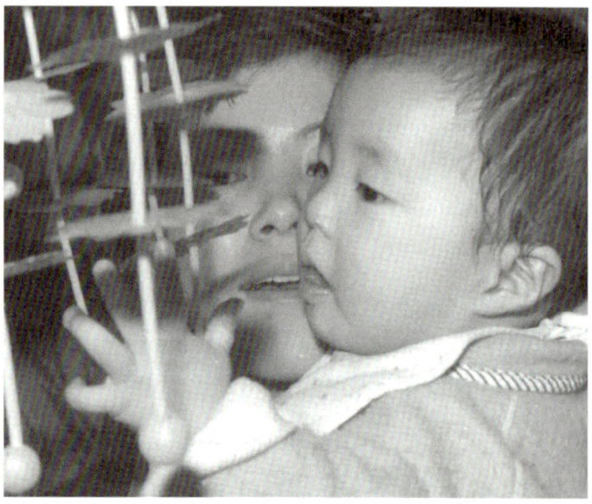 

다. 놀이 파트너 역할

출생해서 생후 12개월까지의 영아들은 자기주도적으로 놀이를 하기보다는 교사, 부모나 형제가 주관하는 놀이에 참여하는 경우가 대부분이다(이숙재, 2004). 따라서 교사는 영아가 놀이에 흥미를 갖도록 시범을 보이거나 참여를 격려하고 이끌어가는 역할을 해야 한다. 부드럽고 온화한 표정과 목소리로 영아의 눈을 마주 보면서 칭찬, 격려, 질문, 설명을 해 주어서 영아의 반응을 유도한다. 또한 지시하거나 강요하지 말고 영아가 자신의 관심과 수준에 맞추어 자발적으로 참여하도록 기다려준다.

라. 안전관리

이 시기 영아는 눈에 보이는 사물은 모두 만지고 잡아당기거나 입에 집어넣기도 하여 위험에 노출되기 쉽다. 따라서 교사는 한눈에 영아를 관찰할 수 있는 위치에서 늘 영아를 살펴보면서 필요한 도움을 주어야 한다. 또한 영아용 놀잇감은 늘 청결하게 관리하여 위생적이고 안전한 환경을 만들어준다. 이때 안전관리를 위해 영아의 탐색활동을 불필요하게 통제하는 일이 없도록 주의한다.

② 1세 영아

1세 영아는 걸을 수 있는 능력이 발달하면서 주변 환경을 활발하게 탐색한다. 또한 의사표현 능력이 증진되며 사물을 상징적으로 가작화하는 능력이 발달하기 시작한다. 1세 영아의 발달 특성에 따른 교사의 놀이지도 방안은 다음과 같다.

1세 영아의 발달 특성	놀이지도
• 걷기, 물건 잡기, 쌓기 등의 운동능력 발달 • 관심 대상이 확대되며 능동적 학습 가능 • 언어적, 비언어적 의사표현 활발 • 단순한 상징놀이 시작	• 안전한 놀이환경 제공 • 호기심을 자극하는 다양한 놀잇감 제공 • 말놀이 지도 • 가작화 행동 격려

[그림 4] 1세 영아의 발달 특성에 따른 놀이지도

가. 안전한 놀이환경 제공

1세 영아가 걷기 시작하여 활동범위가 확장되면 여기 저기 분주히 이동하면서 탐색을 하고 호기심을 충족시킨다. 또한 손 움직임도 정교해져서 놀잇감이나 주변 사물을 다양한 방법으로 조작할 수 있게 된다. 이와 같이 끊임없이 움직이고 탐색하려는 욕구가 강한 이 시기 영아를 위해 교사는 영아의 흥미를 충족시켜주면서 동시에 안전한 환경을 조성해 주는 일이 무엇보다 중요하다.

나. 다양한 놀잇감 제공

영아가 혼자 걷기 시작하면 관심 대상이 주변 사물이나 놀잇감으로 점차 확대된다. 또한 실물과 유사하게 생긴 놀잇감을 용도에 맞추어서 활용하는 경향을 보인다(예 모형 과일을 들고 먹는 시늉하기). 따라서 이 시기에는 영아의 관심을 유도할 수 있는 놀잇감(예 공, 인형, 자동차, 소리 나는 놀잇감, 끌고 다니는 놀잇감

등)을 다양하게 준비해 주어야 한다.

다. 말놀이 지도

이 시기의 영아는 언어발달이 급속도로 이루어져서 다양한 소리나 동화를 듣거나 말하는 것을 좋아한다. 따라서 일상생활에서 영아와 함께 자신의 신체, 주변의 물건이나 놀잇감의 이름을 말해 보는 놀이나 소리를 흉내 내는 놀이를 할 수 있다. 또한 손유희, 노래 부르기, 동시 듣기, 그림책 보기 등을 통해 영아와 언어적으로 활발하게 상호작용을 함으로써 언어능력을 기르도록 지도한다.

라. 가작화 행동 격려

1세 영아는 전화기를 들고 말하는 시늉을 하거나 인형을 잠재우는 행동 등과 같이 '마치 ~인 척' 하는 가작화 요소가 내포된 놀이를 한다. 교사는 영아의 가작화를 격려하기 위해 일상생활의 다양한 상황을 모방해 보도록 제안(예 '애기가 울고 있네, 자장자장 해 주자')을 한다. 또 영아 곁에서 함께 놀아주거나 필요한 경우에는 직접 개입하여(예 '따르릉, 거기 ○○네 집이죠?') 상징놀이가 확장되도록 자연스럽게 도와준다.

③ 2세 영아

2세 영아는 대·소근육 운동능력이 발달하면서 점차 자기 주장이 강해진다. 또한 상징적 사고를 할 수 있으며 또래에 관심을 보인다. 2세 영아의 발달 특성에 따른 교사의 놀이지도 방안을 살펴보면 다음과 같다.

2세 영아의 발달 특성	놀이지도
• 또래에 관심을 보이고 함께 있기를 좋아함 • 자율성과 독립심 발달 • 상징적 사고능력 발달 • 운동능력 발달 • 소리, 움직임, 시각 자료 탐색 및 표현	• 또래놀이 격려 • 영아의 요구 수용 • 상징놀이 지도 • 신체놀이 지도 • 다양한 표현놀이 격려

[그림 5] 2세 영아의 발달 특성에 따른 놀이지도

가. 또래놀이 격려

2세 영아는 또래에 관심을 많이 보이지만 상호작용은 잘하지 못하고 친구 곁에서 놀이하는 것을 좋아한다. 교사는 영아가 또래 친구와 어울려 놀이할 수 있도록 적절한 의사소통 방법과 사회적 기술을 익히게 도와주어야 한다. 즉, 놀이를 하면서 친구에게 자신의 의도를 말이나 행동, 표정으로 표현하는 방법, 놀잇감을 친구와 나누어 사용하는 방법, 순서 기다리기 등을 자연스럽게 배울 수 있도록 격려해 준다. 또한 또래에게 관심을 가지고 접촉을 시도하도록 권유하거나 기회를 만들어주어야 한다(예 소꿉그릇과 숟가락을 들고 있는 수민에게 교사가 '수민아, 친구들에게 한 숟갈씩 줄까?' 라고 제안). 특히 영아의 또래 간 상호작용은 놀잇감을 매개로 활성화되므로 또래 친구들과 함께 사용할 수 있는 놀잇감, 예를 들어 전화기, 공 등을 제공해 준다.

나. 영아의 요구 수용

2세 영아는 자의식이 발달하면서 자기 주장이 강해지는 경향을 보인다. 놀이를 하면서도 스스로 선택하고 결정하려는 자립의지를 강하게 표현하여 '내 꺼야', '싫어' 등의 표현을 적극적으로 한다. 교사는 영아의 이러한 자기 주장적 표현을 이해하고 지원해 주기 위해 영아에게 다양한 선택의 기회를 제공하고 영아가 스스로 시도한 일에 대해 성취감을 느낄 수 있도록 격려해 주어야 한다 (황인애, 2010).

다. 상징놀이 지도

2세 영아는 상징놀이를 많이 한다. 주로 일상생활에서 경험한 단순한 내용의 놀이, 예를 들어 마루닦기, 인형 돌보기, 빨래하기 등의 상징놀이를 좋아한다. 또한 실물과 형태가 유사한 사물을 가지고 상징놀이를 하는 경우가 많다. 상징놀이 초기 단계에는 자기 가작화(self-pretending), 즉 컵을 들고 자신이 우유를 마시는 척하는 상징 행동을 하다가 점차 엄마나 인형 등 다른 대상에게 우유를 먹이는 타인 가작화(other-pretending) 행동으로 발전한다(이숙재, 2004). 교사는 영아가 자신의 경험을 되살려서 상징놀이를 할 수 있도록 구체적인 경험에 대해 질문을 하거나 이야기를 나누며 상호작용하고 격려해 준다. 또한 필요한 경우에 놀이 상대가 되어 주어야 한다(이영 · 김온기 · 우현경, 2006). 그밖에 가정생활에 관련된 상징 놀잇감, 예를 들어 소꿉 놀잇감, 인형, 주방용품, 생활용품, 의상 등을 다양하게 준비해 준다.

라. 신체놀이 지도

이 시기의 영아는 걷기, 던지기, 발로 차기 등의 대근육 운동능력이 발달한다. 교사는 영아가 다양한 운동기술을 발달시킬 수 있도록 영아 수준에 적합하고 안전한 실내 · 외 환경을 조성해 주어야 한다. 즉, 실내 · 외에 커다란 스펀지 블록이나 매트, 안전그네, 미끄럼틀, 흔들 목마, 끌고 다니는 놀잇감(예 수레, 인형유모차), 공, 팥 주머니, 후프 등을 제공한다. 또한 영아가 흥미를 가지고 다양한 신체놀이에 적극 참여할 수 있도록 격려해 주고, 영아의 놀이를 관찰하여 적절한 도움을 준다.

마. 다양한 표현놀이 격려

2세 영아는 소리, 움직임, 시각적 자료에 관심을 보이면서 탐색하고 스스로 꾸미고 표현하는 놀이를 좋아한다. 교사는 영아가 새로운 자료를 자발적으로 탐색하고 반복해서 조작하며 창의적으로 자유롭게 표현하도록 격려해 준다. 또한 영아의 흥미와 표현을 자극하기 위해 미술놀이 자료(예 종이, 크레파스, 색종이, 풀, 찰흙, 지점토), 악기(예 실로폰, 북, 탬버린, 마라카스), 움직임 표현 도구(예 리본막대) 등을 제공한다.

(2) 영아 놀이 유형별 지도 및 환경구성

영아 놀이의 유형을 신체놀이, 탐색놀이, 말놀이, 상징놀이, 표현놀이로 나누어서 교육적 의의, 지도방안, 환경구성을 살펴보면 다음과 같다(김정준 · 김정화 · 신유림, 1999; 이숙재, 2004; 이영 · 김온기 · 우현경, 2006; 여성가족부, 2007; 최석란 외, 2008; Sluss, 2005).

1) 신체놀이

영아기는 움직임에 대한 요구가 강한 시기로 영아는 태어나면서부터 신체를 다양하게 움직이는 놀이를 좋아한다.

가. 신체놀이의 교육적 의의

- 대 · 소근육을 조절하는 능력과 협응력을 기른다.
- 신체 균형감이 발달한다.
- 기본적인 감각능력을 기른다.
- 신체 각 부분에 관심을 갖게 되고 명칭과 기능을 알게 된다.
- 신체놀이를 통해 자신감과 성취감을 기른다.
- 교사나 부모와 함께 신체놀이를 하면서 유대감과 친밀감을 형성한다.

나. 놀이지도

- 교사는 늘 영아를 가까이에서 지켜보면서 필요한 경우에 영아의 손을 잡아 주거나 뒤에서 밀어주는 등의 적절한 도움을 주어 영아가 성취감을 느끼게 한다.
- 영아가 안전하게 놀이할 수 있도록 놀이 기구의 높이, 틈새, 모서리, 바닥재료 등 위험 요소를 정기적으로 점검한다.
- 영아의 운동발달 능력과 움직임의 요구는 개인별로 차이가 매우 크므로 각 영아의 발달수준과 반응에 맞추어 점진적으로 지도한다.
- 영아의 자발적인 참여를 격려해 주어서 영아가 의욕적으로 다양한 신체놀이를 시도해 보도록 한다.
- 유아교육기관의 하루 일과 중에 영아가 신체놀이를 할 수 있는 시간을 규칙적으로 충분하게 제공한다. 또한 신체놀이가 끝난 후에는 영아가 휴식을 취하게 한다.

다. 환경구성

움직임이 활발한 시기이므로 실내 놀이실에도 신체놀이를 할 수 있는 영역을 조성해 준다. 영아가 다양한 신체놀이를 자발적으로 시도하도록 자극하는 놀잇감을 영아의 연령별로 소개하면 다음 표와 같다.

〈표 7〉 영아 연령별 신체 놀잇감	
연령	신체 놀잇감
출생~12개월	보행기, 헝겊 공, 놀이 매트, 쿠션
1세	공, 끌거나 밀고 다니는 놀잇감, 붕붕차
2세	흔들 말, 아기그네, 공, 후프, 팥 주머니

② 탐색놀이

영아는 주변 환경에 대한 호기심이 왕성하고 감각기관과 손의 운동능력이 발달하여 사물을 탐색하고 분류하거나 찾아 맞추는 놀이를 즐겨한다.

가. 탐색놀이의 교육적 의의

- 새로운 사물이나 자연물을 호기심을 가지고 탐색하고 관찰하는 능력을 기른다.
- 직접적인 탐색경험을 통해 크기, 수, 모양 등의 개념이 발달한다.
- 탐색과정에서 시행착오를 하면서 문제를 해결하는 능력을 기른다.
- 시각, 청각, 미각, 후각, 촉각 등 감각적 자극을 느끼고 반응하는 능력을 기른다.
- 탐색경험을 통해 발견하는 기쁨과 자신감을 갖게 된다.

나. 놀이지도

- 영아가 다양한 사물이나 자연현상에 관심을 가지고 자유롭게 탐색할 수 있도록 허용하고 지원해 준다.
- 영아의 호기심을 유발하는 새로운 사물이나 놀잇감을 제공하고 영아가 흥미를 유지하며 계속 탐색할 수 있도록 영아의 질문이나 요구에 적극적으로 반응해 준다.
- 영아가 탐색을 하면서 스스로 해결방법을 찾도록 격려하고 기다려준다.
- 영아의 탐색영역이나 대상이 점차 확대되면서 위험한 탐색을 시도할 수 있으므로 안전관리에 유의해야 한다. 이때 안전관리를 위해 영아의 탐색활동을 불필요하게 통제하는 일이 없도록 주의한다.

다. 환경구성

이 영역에는 영아가 소근육을 활용해서 탐색하고 조작하는 놀이를 할 수 있도록 다양한 놀잇감을 제공한다. 영아의 탐색의욕을 자극하는 놀잇감을 연령별로 소개하면 다음과 같다.

〈표 8〉 영아 연령별 탐색 놀잇감

연령	탐색 놀잇감
출생~12개월	물 놀잇감(스펀지, 고무 오리), 거울, 헝겊인형, 소리 나는 놀잇감
1세	촉감 상자, 모래 놀이용 삽과 그릇
2세	퍼즐(2~5조각), 모양 맞추기 상자, 나무못과 못 판, 큰 구슬 꿰기, 자연물

3 말놀이

영아기는 언어발달이 현저하게 촉진되는 시기이므로 다양하게 듣고 말하는 놀이를 즐겨한다.

가. 말놀이의 교육적 의의

- 다양한 말을 듣고 의미를 이해하는 능력을 기른다.
- 자신의 생각과 느낌을 말로 표현하는 능력을 기른다.
- 다른 사람과 서로 소통하는 능력이 발달한다.
- 그림책의 그림과 내용, 글자에 관심을 갖게 된다
- 여러 가지 쓰기 도구에 관심을 갖는다.

나. 놀이지도

- 영아가 말을 알아듣지 못하더라도 어린 시기부터 영아에게 언어자극을 풍부하게 제공한다. 즉, 다양한 소리를 들려주거나 영아와 얼굴을 마주 보고 부드러운 목소리로 언어적 상호작용을 빈번히 한다.
- 영아의 언어적 표현뿐만 아니라 비언어적 신호(표정이나 몸짓)가 무엇을 의미하는지 민감하게 파악하여 적절하게 반응해 주어야 한다.
- 영아가 의도하는 것을 정확하게 말로 표현해 주어서 영아가 자연스럽게 모

방해 보도록 한다.

- 교사는 적절한 질문('이건 누구지?'), 제안('여보세요' 라고 말해 보자), 칭찬('잘 찾았네'), 설명('여기 맛있는 음식도 있네'), 확장('붕' 하며 자동차를 굴리는 영아에게 '붕, 자동차가 달려갑니다' 라고 말해 주기)을 해 주어서 영아의 언어표현을 격려한다.
- 영아에게 그림책을 많이 읽어준다. 영아의 반응을 관찰하면서 읽어주는 속도, 목소리 크기 등을 조절한다. 영아용 그림책으로는 헝겊 책, 소리 나는 책, 글 없는 그림책 등 다양한 감각경험을 제공하는 책이 적합하다.

다. 환경구성

영아가 안정되고 편안한 분위기에서 그림책을 보거나 교사, 친구와 대화를 나누도록 흔들의자나 쿠션 등을 준비해 준다. 또한 영아의 흥미를 유발하는 다양한 그림책 종류를 제공한다. 영아의 연령별로 적합한 말 놀잇감을 소개하면 다음 표와 같다.

〈표 9〉 영아 연령별 말 놀잇감

연령	말 놀잇감
출생~12개월	음악 상자, 헝겊 책
1세	촉감 책, 손인형, 전화기
2세	그림책, 손인형, 녹음기

4 상징놀이

영아는 일상생활에서 경험한 단순한 내용의 상징놀이, 예를 들어 마루닦기, 인형 돌보기, 빨래하기 등의 상징놀이를 좋아한다.

가. 상징놀이의 교육적 의의

- 여러 역할을 모방하여 상징적으로 놀이하는 능력을 기른다.
- 일상생활 경험을 기억하여 놀이로 표현하는 능력을 키운다.

• 다른 사람의 감정을 인식하고 반응하는 방법을 배운다.
• 다른 사람과 의사소통 하는 법을 익힌다.
• 상상력을 기른다.

나. 놀이지도

• 영아가 주도적으로 상징놀이를 이끌어 가도록 지켜봐 주고 지지해 준다.
• 교사는 상징놀이에 관련된 영아의 구체적인 경험을 제시하거나 힌트를 주어서 영아의 흥미를 지속시키고 놀이를 확장시켜 준다.
• 영아의 상징놀이를 관찰하다가 필요한 경우 놀이 상대가 되어 주거나 자연스럽게 시범을 보여주는 역할을 한다.

다. 환경구성

상징놀이 영역에는 실물과 유사한 인형이나 봉제동물 인형, 예를 들어 머리카락과 깜빡이는 눈을 가진 인형, 동물인형, 실물과 유사한 가구, 소꿉그릇, 전화기, 전신을 볼 수 있는 안전거울 등을 제공한다. 영아 연령에 적합한 상징 놀잇감은 다음과 같다.

〈표 10〉 영아 연령별 상징 놀잇감

연령	상징 놀잇감
출생~12개월	헝겊인형, 동물인형, 거울
1세	다양한 촉감인형, 우유병, 담요, 모형 음식
2세	인형, 전화기, 자동차 운전대, 동물 가면

5 표현놀이

영아는 음악, 미술, 신체 움직임을 통해 창의적으로 표현하는 놀이를 좋아한다.

가. 표현놀이의 교육적 의의

• 다양한 자료를 탐색하면서 감각기능과 소근육 운동능력이 발달한다.
• 표현활동을 통해 긴장감을 해소하고 정서적으로 안정감을 갖게 된다.

• 여러 가지 표현방법을 시도해 보면서 탐구력을 키운다.
• 음악, 신체, 미술로 자신의 생각과 느낌을 창의적으로 표현하는 능력을 기른다.
• 표현놀이를 하면서 심미감을 기른다.

나. 놀이지도

• 영아가 아무 거리낌 없이 자유롭게 표현하도록 격려하고 지지해 준다.
• 영아가 새로운 재료 자체를 충분히 탐색한 후에 표현을 하도록 격려하고 기다려 준다.
• 영아가 표현하는 과정을 즐기면서 다양한 경험을 하도록 과정중심으로 지도한다.
• 일상생활과 자연 속에서 아름다움을 느끼고 표현할 수 있도록 영아의 관심을 유도하고 실외의 자연환경을 자주 접하게 해 준다.

다. 환경구성

영아가 방해를 받지 않고 다양한 표현놀이를 할 수 있도록 충분한 공간을 제공해 주고 영아의 흥미를 자극하는 표현 놀잇감을 준비해 준다. 영아의 연령에 적합한 표현 놀잇감은 다음 표와 같다.

〈표 11〉 영아 연령별 표현 놀잇감

연령	표현 놀잇감
출생~12개월	작은 북, 실로폰,
1세	여러 종류의 종이, 물감과 붓, 손가락 그림물감, 음악 테이프
2세	탬버린, 리듬 막대, 종이, 크레파스, 찰흙, 스카프, 리본 막대

4. 유아 놀이지도

3~5세 유아를 위한 놀이지도 방안을 놀이 계획 및 평가, 놀이 유형별 지도로 나누어서 살펴보고자 한다.

(1) 놀이 계획 및 평가

자유놀이 시간에 유아들이 무계획적으로 놀이를 하는 것은 바람직하지 않다. 놀이 시간을 효율적으로 활용하기 위해서는 유아 스스로 놀이 활동을 선택하여 계획한 후, 계획한 내용에 따라 놀이를 하고 그 결과를 평가해 보도록 지도해야 한다. 놀이 계획 및 평가방법에 대해 상세히 설명하면 다음과 같다(양옥승, 2003; 이숙재, 2004: 142-150; Hohmann & Weikart, 1995).

1 놀이 계획

가. 놀이 계획의 의의

놀이 계획이란 유아가 자유놀이 활동을 시작하기 전에 어떤 놀이를 할 것인지 스스로 결정하여 계획하는 것을 뜻한다.

유아가 놀이 시간을 사전에 계획하여 놀이를 함으로써 얻을 수 있는 이점을 살펴보면 다음과 같다.

- 시간을 효율적으로 활용하는 법을 배운다.
- 자신이 선택한 다양한 놀이에 능동적으로 참여하게 된다.
- 유아의 의사결정 능력이 증진된다.
- 자신의 생각을 적절히 표현하는 능력이 발달한다.
- 책임감과 독립심, 자기조절 능력이 발달한다.
- 놀이에 집중하여 점차 발전된 놀이를 할 수 있다.

나. 놀이 계획의 절차

일반적으로 놀이를 계획하는 절차는 놀이 소개, 계획의 단계로 진행된다.

놀이 소개

유아가 자유놀이 시간에 어떤 놀이를 할 것인지 스스로 계획하기 위해서는 먼저 놀이실의 각 영역에서 어떤 놀이 활동이나 놀잇감을 가지고 놀 수 있는지를 알아야 한다. 따라서 교사는 각 영역에서 할 수 있는 놀이를 유아들에게 소개해 줄 필요가 있다. 놀이 소개는 유아 개별적으로 실시하거나 전체집단 또는 소집단으로 실시할 수 있다.

- 개별적으로 소개하기

유아의 연령이 어리거나 학기초, 또는 학급의 유아 수가 적은 경우에는 유아가 등원하는 대로 각 영역으로 데리고 다니면서 개별적으로 소개해 줄 수 있다(예 '자, 선생님과 함께 역할놀이 영역에 어떤 놀잇감이 준비되어 있나 보자. 오늘은 체온계, 주사기, 약이 있네. 이것들로 어떤 놀이를 할 수 있을까?').

- 집단으로 소개하기

전체집단이나 소집단 유아를 대상으로 소개할 때는 교사가 하루 일과표를 보여주면서 어떤 놀이 활동이 준비되어 있는지를 설명해 주거나 놀잇감을 직접 보여주어 유아들의 호기심을 자극할 수도 있다(예 '오늘 조작놀이 영역에서는 구슬 끼우기 놀이를 할 수 있어요. 이 그림 카드에 있는 것처럼 구슬을 끼우는 놀이에요. 또 역할놀이 영역에서는 예쁜 꽃을 파는 가게놀이를 할 수 있어요…').

이와 같은 방법으로 놀이 활동이나 놀잇감을 소개할 수 있는데, 소개 시간이 너무 길거나 늘 동일한 방법으로 소개를 하면 유아들이 지루해 하므로 주의한다.

놀이 계획

놀이 활동을 소개한 후에는 유아가 놀이 계획을 세우도록 지도한다. 놀이 계획은 유아의 발달수준, 학기 시기, 학급당 유아 수 등에 따라 다음과 같이 다양한 방법으로 이루어질 수 있다.

- 말로 표현하기

학급의 유아들이 대집단이나 소집단으로 모여서 참여하고 싶은 놀이를 생각하여 발표하는 방법이다. 하루에 4~6명씩 순서를 정해 놓고 계획한 내용을 말로 표현하게 한다(예 '나는 오늘 역할놀이 영역에서 가게놀이를 할 거에요. 그리고 쌓기 놀이영역에서 블록으로 우주선을 만들거에요').

이 방법은 놀이 계획을 해 본 경험이 거의 없는 어린 유아나 학기초에 활용하면 효과적이지만 유아가 계획한 내용대로 놀이에 참여하는지를 확인하기 어렵다.

- 게임 형식으로 계획하기

놀이 계획을 게임 형식으로 실시할 수도 있다. 예를 들어, 교사와 유아들이 한 줄로 기차를 만들어 '칙칙 폭폭' 하면서 흥미 영역을 돌아다니다가 각자 원하는 영역에 들어가는 게임을 할 수 있다. 이런 방법은 놀이 계획하는 것을 부담스러워하는 유아를 자연스럽게 놀이 계획에 참여하도록 유도하는 데 효과적이다.

- 놀이영역별로 표시하기

놀이를 계획한 유아가 각 영역에 준비된 이동식 칠판이나 작은 메모판에 자신의 이름을 적거나 이름표를 걸어놓고 참여하다가 다른 영역으로 이동할 때는 이름표를 떼어서 갖다 붙이는 방법이다. 각 영역별로 적정 인원의 유아가 참여하도록 이름표를 걸어놓는 고리의 개수를 제한하면 많은 유아들이 한꺼번에 참여하는 것을 방지할 수 있다.

- 자유놀이 계획판 활용하기

학급 전체 유아의 놀이 계획을 계획판에 표시함으로써 학급의 유아들이 어떤

[그림 6] 자유놀이 계획판 I

놀이를 계획하였는지 전체적으로 파악할 수 있는 방법이다. 놀이 계획판은 다양한 방법으로 제작이 가능하다. 예를 들어, 각 영역에 놀이 참여를 계획한 유아의 이름표를 붙이도록 제작하거나(그림 6 참조) 유아의 이름 카드에 자신이 참여할 놀이영역 스티커를 붙이게(그림 7 참조) 할 수 있다. 놀이 계획판을 이용함으로써 유아가 자신의 놀이 계획과 친구의 놀이 계획을 비교해 볼 수 있다.

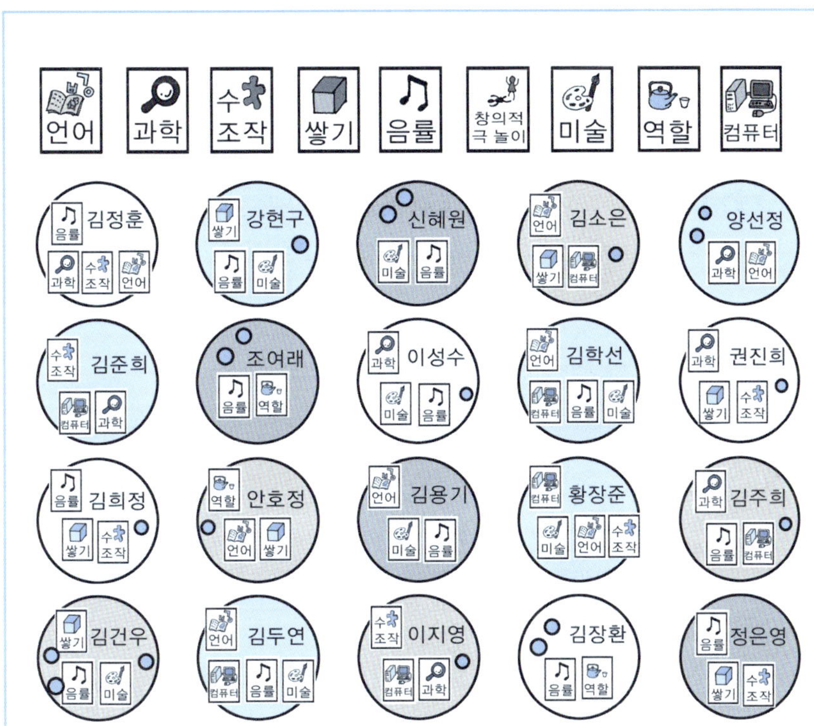

[그림 7] 자유놀이 계획판 II

놀이 계획표 활용하기

유아가 놀이 계획에 익숙해지면 계획표를 사용할 수 있다. 놀이 계획표는 1일용, 1주일용으로 다양하게 만들 수 있으며 유아의 이해를 돕기 위해 놀이영역 표시는 그림과 글자로 한다. 그밖에 평가란을 추가해서 놀이 계획과 평가가 함께 이루어지도록 할 수 있다(표 12, 13 참조). 놀이 계획표에 자신이 계획한 놀이를 표시하고 결과를 평가해 봄으로써 유아 스스로 계획과 결과를 연결해 볼 수 있다.

〈표 12〉 놀이 계획 및 평가표 I

날짜 : 월 일 요일
이름 :

영역		계획	평가
언어			
과학			
수 · 조작 놀이			
쌓기 놀이			
음률			
창의적 극 놀이			
미술			
역할놀이			
컴퓨터	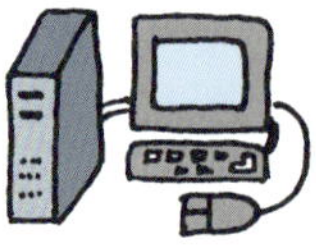		

〈표 13〉 놀이 계획 및 평가표 II

날짜 :　　　월　　　일　　　요일
이름 :

영역	요일	월	화	수	목	금
언어 	계획					
	평가					
과학 	계획					
	평가					
수 · 조작 놀이 	계획					
	평가					
쌓기 놀이 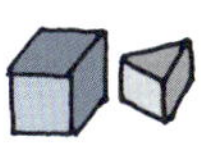	계획					
	평가					
음률 	계획					
	평가					
창의적 극 놀이 	계획					
	평가					
미술 	계획					
	평가					
역할놀이 	계획					
	평가					
컴퓨터 	계획					
	평가					

다. 놀이 계획 지도의 유의점

- 유아들이 편안하게 놀이 계획을 할 수 있도록 허용적이고 자유로운 분위기를 조성해 주고 유아와 긴밀하게 상호작용을 한다. 교사는 유아의 흥미와 사고를 자극하는 적절한 질문을 하고, 유아의 말을 주의 깊게 들으며 의도를 민감하게 파악하여 효과적으로 반응함으로써 유아의 놀이 계획을 도와준다.
- 유아의 놀이 계획 경험에 따라 단계적으로 지도한다. 예를 들어, 학기초에는 유아들이 놀이 계획을 해 본 경험이 거의 없기 때문에 개원 후 얼마 동안은 놀이 계획 시간을 갖지 않으며 시간이 지나 차츰 익숙해지면 말로 계획 내용을 발표하게 한다. 학기 중간이 되면 각 영역에 유아 이름표를 걸어서 표시하게 하고 학기말에는 놀이 계획표를 사용하도록 한다.
- 놀이 계획을 하는 데 필요한 준비를 사전에 철저히 한다. 예를 들어, 놀이 계획판으로 계획을 하는 경우, 계획판의 형태나 크기는 유아의 흥미와 발달 수준에 맞도록 준비하며 계획판 옆에 이름 카드, 필기 도구 등도 제공하여 계획이 용이하도록 돕는다. 또한 놀이 계획표를 사용하는 경우, 유아의 흥미를 끌면서 표시하기 쉽게 만들어야 하며 서류 상자나 플라스틱 바구니에 담아서 비치하도록 한다.
- 교사가 놀이 계획을 지도하면서 당면하게 되는 몇 가지 문제 상황의 지도법을 소개하면 다음과 같다.

놀이 계획을 망설이거나 거부하는 유아

유아가 스스로 선택하고 결정해 본 경험이 전혀 없거나 놀잇감과 놀이영역의 명칭을 몰라서 표현하지 못하는 것이 원인이 될 수 있다. 이런 경우, 빨리 계획하도록 강요하기보다는 유아가 표현할 수 있는 범위 내에서 시작하도록 유도한다. 예를 들어, '윤복아, 오늘 네가 하고 싶은 놀이를 손으로 가리켜 보렴' 하고 유도하여 계획하는 것을 도와준다.

동일한 내용의 놀이를 반복적으로 계획하는 유아

유아의 놀이를 주의 깊게 관찰하여 매일 놀이 내용이 달라진다면 걱정할 필요는 없다. 그러나 매일 동일한 놀이를 반복한다면 다른 놀이를 계획하도록 유도해야 한다(예 '오늘은 미술 영역에서 민규가 좋아하는 공룡을 만들텐데 해 보지 않을래?').

○ 비현실적인 놀이 계획을 하는 유아

유아가 놀이영역에 제공되지 않은 놀이 활동을 계획하거나 너무 많은 활동을 계획하는 등 실천하기 어려운 계획을 세우는 경우도 생긴다. 이때 교사는 유아의 계획이 비현실적이라고 무시하거나 바꾸도록 강요하기보다는 실천 불가능한 이유를 설명해 주고 실천할 수 있는 방안을 모색하도록 유도한다. 예를 들어, 한 유아가 수 · 조작 놀이영역에서 스티로폼 케이크에 촛불 꽂기 놀이를 계획했는데, 이런 자료가 제시되지 않았다면, 역할놀이 영역에 있는 밀가루반죽과 이쑤시개를 활용해 보도록 지도할 수 있다.

② 놀이 평가

자유놀이 시간이 끝나면 놀이가 계획대로 잘 진행되었는지를 평가하는 시간을 갖는다. 놀이 평가의 의의와 평가방법, 지도 시 유의사항 등을 소개하면 다음과 같다(류진희, 1991; 양옥승, 1994, 2003; 이숙재, 2004; Hohmann & Weikart, 1995).

가. 놀이 평가의 의의

- 유아가 계획한 대로 실천하는 능력을 기른다.
- 유아 자신이 선택한 놀이 활동에 몰두하고 마무리하는 능력을 기른다.
- 유아의 생각과 행동을 계획에 따라 조절하고 통제하는 경험을 통해 자기조절 능력을 기른다.
- 유아의 의사소통 능력과 발표력이 증진된다.

나. 놀이 평가방법

놀이 평가는 학급의 집단이나 개별 활동으로 실시할 수 있다.

○ 집단적 놀이 평가

학급의 전체 유아를 함께 모으거나 소집단으로 나누어서 놀이가 어떻게 이루어졌는지 평가하도록 한다. 한 번에 모든 유아가 다 발표할 수 없으므로 발표 순서를 정하거나 각 놀이영역에 참여한 유아들이 발표하도록 지도한다(예 '오늘은 쌓기 놀이를 한 친구들이 놀이 평가를 해 보자'). 발표하는 방법은 말로 표현하기, 놀이 시간에 사용한 놀잇감이나 교재를 친구들에게 보여주면서 발표하기, 무언극으로 표현하기 등이 있다.

이와 같이 집단으로 놀이 평가를 하면서 다른 친구들의 놀이 경험이나 평가 내용을 듣게 됨으로써 유아가 자신의 놀이 활동을 계획하거나 평가하는 데 많은 도움이 된다.

개별적 놀이 평가

유아가 놀이 평가표를 사용해서 개별적으로 평가하는 방법이다. 놀이 평가표는 계획과 평가를 함께 하도록 만든다(표 12, 13 참조). 평가 내용에 따라 웃는 얼굴, 화난 얼굴, 보통 얼굴 그림 중에 선택하여 표시하게 할 수도 있다.

교사는 각 유아의 놀이 평가표를 수집하여 분석함으로써 유아의 놀이 참여 경향 및 평가능력을 파악하여 지도하는 데 도움 자료로 활용한다.

다. 놀이 평가지도의 유의점

- 교사는 유아들이 편안한 분위기에서 부담감 없이 놀이 평가를 할 수 있도록 후원해 주는 역할을 해야 한다. 그러기 위해서 교사는 서두르거나 지시, 강요하지 말고 유아의 놀이 평가능력을 신뢰하고 인정하면서 점진적으로 지도해야 한다.
- 유아가 놀이 평가에 계속 관심을 가지고 참여하도록 유아의 발달수준과 흥미에 적합한 여러 가지 평가 방법과 자료를 활용한다.
- 교사는 유아가 놀이 계획과 연관지어 평가할 수 있도록 적절한 질문을 하거나 대화를 하며 개별적으로 도와준다.
- 시간이 지남에 따라 유아들의 놀이 선택 및 내용, 평가에 긍정적인 변화가 있는지 지켜보면서 지도한다. 즉, 놀이 선택의 폭이 다양해졌는지, 놀이 내용이나 놀이 친구와의 관계에 발전이 있는지, 놀이 평가를 계획-실천-결과와 연관지어 표현할 수 있는지를 종합적으로 분석하면서 지도한다.

(2) 유아 놀이 유형별 지도 및 환경구성

유아 놀이의 유형을 쌓기 놀이, 조작놀이, 역할놀이, 창의적 극 놀이, 운동놀이, 물, 모래 놀이, 목공놀이, 전래놀이, 게임으로 분류하고 각 놀이별로 교육적 의의, 놀이지도와 환경구성을 소개하고자 한다(교육부, 2000; 연세대학교 어린이생활지도연구원, 1995; 이기숙 · 이은화 · 이영자 · 이숙재, 1995; 이숙재, 2001, 2004; 최석란, 2005; Beaty, 1996).

1 쌓기 놀이

쌓기 놀이는 유아가 다양한 종류의 블록을 가지고 입체적 형태의 구조물을 만드는 놀이이다.

가. 쌓기 놀이의 교육적 의의

- 쌓기 놀이를 하면서 눈과 손의 협응력, 대 · 소근육 운동능력 등 신체발달이 촉진된다.
- 쌓기 놀이를 통해 자신감, 성취감을 느끼고 긍정적인 자아 개념이 형성되는 등 정서발달이 증진된다.
- 친구들과 협동하고 남의 입장을 생각해 주고 양보하면서 사회성 발달이 증진된다.
- 다양한 블록을 다루면서 형태, 크기, 길이, 높이, 수 개념 등을 학습한다.
- 과학학습의 기초 과정인 관찰, 비교, 분류, 예측 등을 경험할 수 있다.
- 쌓기 놀이를 통해 형태 인식력과 변별력이 발달하여 읽기, 쓰기 학습에 도움이 되고 말하기 능력도 증진된다.
- 구조물을 만들면서 조형능력과 창의성이 발달한다.

나. 놀이지도

- 유아가 쌓기 놀이에 흥미를 갖고 자발적으로 참여하게 유도해야 한다. 유아의 성별에 따른 차이 없이 고루 참여하도록 다양한 블록과 소품을 제공하여 블록에 대한 관심을 고취시킨다.
- 교사는 적절한 질문을 하거나 문제해결을 도와주는 조언, 또는 칭찬을 해줌

으로써 유아의 쌓기 놀이를 격려하고 구성능력을 자극할 수 있다.

- 유아의 안전관리를 철저히 해야 한다. 블록을 너무 높이 쌓지 않도록 지도하고 무거운 블록은 조심해서 운반하게 한다.
- 놀이가 끝난 후 정리정돈을 하도록 충분한 시간을 주고 릴레이식으로 옮기거나 수레로 운반하게 하여 유아가 자발적으로 정돈에 참여하게 유도한다.

다. 환경구성

- 쌓기 놀이 장소로는 유아들의 왕래가 많지 않은 위치가 적절하며 역할놀이 영역과 인접하게 배치하는 것이 효과적이다. 또한 유아가 공간의 제한을 받지 않고 쌓기 놀이를 하도록 넓은 공간(3~5명의 유아에게 2평)을 제공한다.
- 블록이 떨어졌을 때 발생하는 소음을 줄이기 위해 바닥에 부분 카펫을 깔아 준다.
- 블록을 넣어 두는 장은 견고하고 유아의 키 높이에 알맞아야 하며 여러 칸으로 나누어져 있어야 블록 크기별로 적절한 칸에 보관할 수 있다.
- 블록의 형태, 수량은 유아의 연령, 쌓기 놀이 경험, 학기 시기 등을 고려하여 제공한다. 즉, 유아의 연령이 어리거나 쌓기 놀이 경험이 적은 학기초에는 기본 형태의 블록을 소량 제공하다가 차츰 수량을 늘려가고 형태도 다양한 블록을 제공하는 것이 좋다.
- 상품화된 블록 이외에 교사나 유아가 직접 제작한 다양한 블록(예 깡통 블록, 우유갑 블록)을 제공하고 생활 주제에 따라 적절한 소품(예 동물이나 사람 모형, 각종 자동차와 교통표지판)도 제공한다.
- 블록을 교구장에 보관할 때는 각 블록의 형태를 한 눈에 알아볼 수 있도록 넣어둔다. 또한 교구장에 블록 형태의 그림을 붙여두면 정리정돈에 도움이 된다.
- 커다랗고 무거운 블록은 교구장의 아래 칸에, 작은 블록은 위 칸에 보관하면 넣고 꺼내기 편리하다.
- 플라스틱 블록처럼 조각이 작은 블록은 상자나 바구니에 담아서 제공한다.
- 연령별 환경구성은 다음과 같다.

3세아 : 단순한 구조물을 손쉽고 안전하게 쌓을 수 있도록 가볍고 커다란 블록(예 스펀지 블록, 우레탄 블록)이나 기본 형태의 단위블록, 종이벽돌 블록 등을 제공한다.

4세아 : 기본 형태 이외에 다양한 형태의 블록을 제공하고 생활 주제에 따라 놀이에 필요한 소품도 준비해 준다.

5세아 : 쌓기 놀이를 확장할 수 있도록 블록의 양을 충분히 제공하고, 다양한 소품을 준비해 주며 건축 관련 사진이나 활동 카드를 제공한다.

〈표 14〉 쌓기 놀잇감

블록 종류	단위블록(unit blocks), 속이 빈 블록, 종이벽돌 블록, 우레탄 블록, 플라스틱 끼우기 블록, 폐품(우유갑, 깡통)으로 만든 블록
사람 · 동물 모형	가족 모형, 여러 직업인 모형, 가축 모형, 야생동물 모형
장난감 자동차 종류	승용차, 버스, 트럭, 경찰차, 병원차, 소방차, 배, 비행기
역할놀이 용품	교통표지판, 신호등, 건물 간판, 운전대, 소방관이나 경찰 모자, 모형 가구, 손수레
기타	나뭇조각, 작은 상자, 각종 건물 그림이나 사진, 활동 카드 등

2 조작놀이

조작놀이는 퍼즐이나 구슬 꿰기와 같이 손과 손가락의 소근육을 사용해서 놀잇감을 맞추고 분류하고 배열하는 놀이를 의미한다.

가. 조작놀이의 교육적 의의

- 눈과 손의 협응력, 소근육 운동능력 등 신체발달이 이루어진다.
- 분류 개념, 서열화 개념, 수 개념 등 인지발달이 촉진된다.
- 집중력, 탐구력, 지구력이 증진된다.
- 다양한 어휘를 학습하고 글자의 형태와 의미를 학습한다.
- 자신감을 갖게 되고 성취감을 느껴 정서발달이 증진된다.
- 친구의 의견을 존중하고 이해하는 태도를 기른다.

나. 놀이지도

- 유아의 발달수준에 맞추어 단계적으로 지도하기 위하여 단순하고 쉬운 활동으로부터 복잡하고 어려운 활동으로 점차 확대하여 지도한다.
- 유아 발달의 개인차가 크기 때문에 개별적으로 지도한다.
- 놀이 시간을 충분히 배정하여 유아가 다양한 탐색, 조작하는 과정을 통해 성취감을 경험하게 한다.
- 유아가 더 발전된 조작놀이를 하도록 격려해 주거나 제안을 하며 필요한 경우에는 시범을 보인다.
- 유아가 조작놀이에 계속 흥미를 보이도록 놀잇감을 일정 기간이 지나면 교체해 준다. 즉, 놀잇감을 한 번에 모두 제공하기보다 생활 주제에 따라 바꾸거나 보충해서 변화를 주어야 한다.

다. 환경구성

- 유아가 조작놀이에 몰두할 수 있도록 유아들의 왕래가 많지 않은 조용한 장소에 환경을 구성해 준다.
- 유아의 흥미와 발달 수준에 적합한 조작 놀잇감을 준비해 준다. 어린 유아에게는 단순한 놀잇감을 제공하고 점차 발달이 되면 복잡하고 어려운 놀잇감을 제공한다.
- 유아들은 바닥에 앉아서 조작놀이를 하는 경우가 있으므로 낮은 책상도 준비하고 바닥에 카펫이나 자리를 깔아주도록 한다.
- 작은 조각의 놀잇감이나 게임 자료는 분실되지 않도록 상자나 쟁반에 담아서 제공한다.
- 연령별 환경구성은 다음과 같다.

  3세아 : 퍼즐 조각은 5~10쪽 정도가 적절하며 분류, 수세기, 짝짓기 활동에 필요한 놀잇감이나 생활용품(예 모형 사과와 접시, 다양한 색상의 단추)을 제공한다.

  4세아 : 퍼즐 맞추기는 10~20쪽 정도가 알맞으나 개인차에 따라 그 이상도 가능하다. 또한 비교, 분류, 순서 짓기 활동을 위하여 놀잇감뿐 아니라 그림 자료도 제공한다.

5세아 : 퍼즐 조각은 15~30쪽 이상이 적절하며 다양한 게임 자료를 준비한다. 그밖에 간단한 바느질 자료와 자, 저울 등의 측정 도구를 비치해 준다.

〈표 15〉 조작 놀잇감

조작 놀잇감	퍼즐, 구슬과 끈, 끈 끼우기 판, 수 막대, 숫자 도미노, 포개거나 끼워 맞추는 놀잇감, 일상생활 훈련 틀, 바느질하기
일상생활 용품	다양한 형태의 병과 뚜껑, 냄비와 뚜껑, 열쇠와 자물쇠, 나사와 나사못, 다양한 형태와 색상의 단추, 헌 시계나 카세트
게임 자료	주사위와 게임판, 바둑판과 바둑알, 각종 게임 카드, 게임판과 놀이용 말

③ 역할놀이

유아가 가정이나 지역사회에서 경험한 다양한 역할을 모방하거나 TV, 책을 통해 접한 인물이나 사건을 상상하여 가작화(as-if elements)하는 놀이이다.

가. 역할놀이의 교육적 의의

- 친구들과 역할놀이를 함께 하면서 자기중심적인 사고나 행동에서 벗어나 사회성 발달을 이룬다.
- 역할놀이에서 내면적 욕구를 표현하고 자아를 성취하여 정서적 안정을 얻게 된다.
- 여러 역할이나 상황을 다양하게 상상하고 놀이하면서 추상적 사고력과 문제해결력 등 지적 발달을 이루게 된다.
- 놀이 내용을 자유롭게 구성하고 표현하는 기회를 통해 창의력이 증진된다.
- 친구와 대화를 하거나 문식성 자료를 가지고 놀이를 하면서 어휘력과 의사소통 능력, 읽기와 쓰기의 기초 능력이 발달한다.

나. 놀이지도

- 교사는 관찰을 통해 각 유아의 놀이 특성, 예를 들어 유아가 선호하는 역할놀이의 주제, 역할, 놀이 친구, 놀잇감 등을 파악하여 이를 토대로 각 유아에

게 적합한 놀이지도 계획을 세워서 지도한다.

- 역할놀이 주제에 대한 유아들의 이해를 높이기 위해 사전활동으로 이야기 나누기, 동화 들려주기, 견학이나 자원인사 활용 등을 실시한다.
- 유아가 자유롭게 놀이할 수 있도록 편안하고 허용적인 분위기를 조성해 준다.
- 교사는 역할놀이가 원만하게 진행될 수 있도록 유아에게 적절한 질문을 하거나 의견을 제시하는 등 개입을 한다. 또한 필요한 경우에는 교사가 직접 역할을 맡아서 놀이에 참여하여야 한다.

다. 환경구성

- 역할놀이는 움직임이 많고 활동적인 놀이이므로 동적 놀이영역과 인접하게 배치한다. 특히 쌓기 놀이영역과 가깝게 배치하면 두 영역의 놀이가 통합될 수 있어서 효과적이다.
- 소꿉놀이용 탁자, 모형 냉장고 등 커다란 가구가 배치되므로 2~3평 정도의 넓은 공간이 제공되어야 하며 아늑하고 편안하게 꾸며준다.
- 여러 종류의 직업을 상징하는 의상과 소품을 제공해 주어야 한다. 유아가 싫증을 내지 않고 새로운 역할놀이를 할 수 있도록 다양한 소품을 바꾸어 제공하여 변화를 준다.
- 상품화된 놀잇감 이외에 가정에서 사용했던 생활용품이나 교사, 유아가 만든 것 등 다양한 놀잇감을 주제별로 분류하여 소품 상자에 넣어서 제공한다.
- 연령별 환경구성은 다음과 같다.

  3세아 : 가정생활에 연관된 역할놀이를 주로 하므로 가족놀이에 필요한 놀잇감, 특히 실물과 유사한 놀잇감(예 모형 음식, 팔 · 다리가 움직이는 인형)을 제공한다. 또한 가리개, 커튼 등으로 가정과 같이 아늑한 분위기를 조성한다.

  4세아 : 일상생활에서 경험한 다양한 역할을 놀이할 수 있도록(예 병원놀이, 가게놀이 등) 놀잇감을 제공한다.

  5세아 : 다양한 사회 구성원의 역할뿐 아니라 상상적 놀이 내용에 적합한 놀잇감을 비치해 놓는다. 역할놀이에 필요한 소품(예 간호사 모자, 종이 지갑)을 유아 스스로 만들어 사용하도록 자료를 제공한다.

〈표 16〉 역할 놀잇감

가족놀이	주방용품(싱크대, 모형 냉장고, 가스레인지, 도마, 플라스틱 칼, 수저, 포크, 각종 그릇, 컵, 주전자, 쟁반, 냄비, 모형 과일과 음식), 생활용품(옷장, 화장대, 전화기, 시계, 다리미, 드라이어, 가발, 안경테, 큰 거울, 빗자루), 의상(한복, 양복, 잠옷, 드레스와 면사포, 여러 나라의 전통의상), 기타 소품(모자, 가방, 신발, 우산, 액세서리, 인형과 인형 옷, 화장품)
병원놀이	의사 가운, 간호사 모자, 청진기, 바늘을 뺀 주사기, 솜과 붕대, 혈압계, 온도계, 일회용 밴드, 약병, 약봉지, 진찰권과 의료보험 카드, 시력 검사표
가게놀이	모형 상품(과일, 채소, 안경, 과자), 놀이용 돈, 가격표, 저울, 전화기, 가게 간판, 시장바구니, 종이 봉지
미장원 놀이	빗, 드라이어, 수건, 모형 가위, 가발, 머리핀, 거울, 날 없는 면도기, 빈 샴푸 통과 화장품 통, 가운, 놀이용 돈, 잡지
우체국 놀이	우체부 가방과 모자, 우체통, 편지 봉투와 편지지, 엽서, 소포 꾸러미, 연필이나 사인펜, 놀이용 우표, 놀이용 돈, 저울, 스탬프와 도장, 전화기

4 창의적 극 놀이

유아가 동화 내용이나 자신의 경험, 느낌, 생각을 언어나 동작을 통해 창의적으로 표현하는 놀이이다. 창의적 극 놀이(creative drama)에는 다양한 소재를 동작으로만 표현하는 무언극, 말로 이야기를 만드는 이야기 꾸미기, 사물이나 사건을 소재로 이야기를 꾸며 표현하는 즉흥극, 손인형이나 막대인형을 활용하는 인형극, 동화 내용을 줄거리로 하여 창의적으로 표현하는 주제극 놀이(thematic fantasy play) 등이 포함 된다(이숙재 · 이봉선 · 김종선 · 이방실: 2006).

가. 창의적 극 놀이의 교육적 의의

- 이야기 이해능력 및 표현능력, 의사소통 능력이 증진된다.
- 남과 다르게 생각하는 독창성이 발달한다.
- 다양한 표현활동을 통해 추상적 사고력, 문제해결력, 상상력이 발달한다.
- 친구와 협동하는 기회를 통해 사회생활에 필요한 기본 자질을 기른다.
- 긴장감을 해소하고 즐거움, 만족감, 자신감을 느끼게 되어 정서발달이 촉진된다.

나. 놀이지도

- 유아의 표현능력이나 발달 속도에는 개인차가 크므로 단순한 창의적 극 놀이(예 무언극)에서 복합적인 놀이(예 주제극 놀이)로 점진적으로 지도한다.
- 유아가 생각한 것을 자유롭게 표현하도록 허용적인 분위기를 조성해 주고 유아가 표현한 것의 가치를 인정해 주며 칭찬, 격려해 주어야 한다.
- 교사는 유아에게 적절한 질문을 함으로써 유아가 사고를 확장하고 다양한 상상을 하여 언어나 동작으로 표현하게 한다.
- 창의적 극 놀이의 주제는 유아에게 친숙하고 유아가 흥미 있어 하는 내용을 선정하는 것이 효과적이다.
- 유아의 창의적인 표현을 자연스럽게 이끌어낼 수 있는 여러 가지 소품이나 도구, 예를 들어 천 조각, 머리띠, 상자, 그림, 악기 등을 제공해 주거나 유아가 직접 만들어서 사용하게 한다.

다. 환경구성

- 놀이실에 창의적 극 놀이를 위한 별도의 영역을 구성하거나 놀이에 따라 역할놀이 영역, 음률 영역, 언어영역, 운동놀이 영역에서 실시할 수 있다.
- 주로 동적 활동이 이루어지므로 정적 놀이영역과는 떨어진 장소에 배치한다.
- 유아가 자유롭게 표현할 수 있도록 넓은 공간을 조성해 준다.
- 창의적 표현을 격려하는 다양한 소품을 제공한다.
- 연령별 환경구성은 다음과 같다.

  3세아 : 단순한 내용의 무언극이나 이야기 꾸미기 놀이에 관련된 자료를 제공한다.

〈표 17〉 창의적 극 놀잇감

구분	놀잇감
일상용품	스카프, 리본, 천 조각, 보자기, 고무줄, 풍선, 막대, 우산, 전화기
인형류	손인형, 손가락 인형, 막대인형
악기류	북, 탬버린, 트라이앵글, 소고
유아가 제작한 것	머리띠, 가면
기타	손전등, 리본 막대, 카세트와 녹음 테이프

4세아 : 생활 주변에서 흔히 볼 수 있는 소품(예 고무줄, 막대기, 전화기 등)을 활용하여 다양한 창의적 극 놀이를 할 수 있도록 준비해 준다.

5세아 : 소품 없이 몸으로만 표현해 보게 하거나 필요한 소품(예 음향, 조명, 촬영 등)을 유아가 직접 만들어서 사용하도록 지도한다.

5 운동놀이

운동놀이는 대근육을 활용하여 오르기, 매달리기, 구르기, 달리기, 던지기 등 신체를 활발하게 움직이는 놀이이다.

가. 운동놀이의 교육적 의의

- 운동놀이를 함으로써 신체발육이 촉진되고 운동능력이 발달한다.
- 다양한 놀이 기구를 사용하면서 안전능력이 향상된다.
- 순서를 지키고 서로 도와주는 경험을 하면서 사회성이 발달한다.
- 여러 동작을 통해 높이, 거리, 방향, 무게, 균형 등의 개념이 발달한다.
- 운동놀이 과정 중에 부정적 감정을 발산하고 자신감과 성취감을 느끼게 되어 정서발달이 촉진된다.

나. 놀이지도

- 유아의 신체발달과 운동능력을 세밀히 관찰하여 발달수준을 파악하고, 수준에 적합한 운동놀이를 단계적으로 지도한다.
- 유아와 개별적으로 상호작용을 하면서 적절한 질문이나 제안, 격려, 도움을 주어서 운동놀이 경험을 확장시킨다.
- 유아의 안전을 위해 놀이 규칙을 정하고 잘 지키도록 지도한다. 또한 놀이 시설물의 안전점검을 정기적으로 실시하여 안전사고를 예방한다.

다. 환경구성

- 운동놀이는 유치원이나 어린이집의 실외 놀이터에서 주로 이루어지지만, 움직임의 요구가 강한 2, 3세 학급이나 종일제 학급의 경우에는 실내에도 운동놀이를 할 수 있는 영역을 조성해 주어야 한다.
- 놀이 시설물은 종류나 기능, 재질 등이 다양해야 한다. 또한 사용하는 유아

의 신체조건에 알맞아야 하며 안전하고 형태나 색채가 미적이어야 한다.

- 놀이 시설물은 각각의 용도나 특징, 다른 시설물과의 관계를 고려하여 설치한다. 예를 들어, 그네는 유아들의 왕래가 많지 않은 장소에 배치하고 그네의 진폭을 고려하여 앞 · 뒤로 충분한 거리를 두고 설치하여야 한다. 미끄럼틀도 유아들이 미끄러져 내려오다 지나가는 유아와 부딪히는 것을 예방하기 위해 실외 놀이터의 통로와 마주치지 않게 배치한다.
- 놀이 시설물은 안전하게 설치되어야 한다. 그네나 미끄럼틀 바닥에는 모래를 깔아 안전관리를 한다.
- 고정된 놀이 시설물 이외에 이동 기구도 함께 제공하여 다양한 운동놀이를 하도록 한다.
- 연령별 환경구성은 다음과 같다.

3세아 : 유아가 안전하게 운동놀이를 할 수 있도록 놀이 기구의 높이, 크기, 복잡성 등을 조절한다.

4세아 : 놀이 기구를 모험적으로 활용하려는 욕구가 강한 시기이므로 난이도를 다양하게 변형시킬 수 있는 이동 기구를 제공한다.

5세아 : 게임을 하는 데 필요한 운동 기구를 준비한다. 또한 신체를 다양하게 움직이는 데 필요한 매트, 뜀틀 등도 제공한다.

〈표 18〉 운동 놀잇감

고정시설	기어 오름대(정글짐), 그네, 시소, 미끄럼틀, 흔들 목마, 모래밭, 놀이집, 복합놀이 시설
이동 기구	받침대와 널빤지 및 사다리, 평균대, 트램폴린, 링 터널, 자전거, 물 · 모래 놀이대, 흔들배, 축구 골대, 농구 골대, 공, 뜀틀, 매트
기타	자전거, 공, 펀치 백, 줄넘기 줄, 후프, 풍선 채, 던지기용 고리

6 물 · 모래 놀이

물 · 모래 놀이는 유아가 물과 모래를 가지고 다양한 방법으로 탐색하고 놀이를 하는 것이다.

가. 물 · 모래 놀이의 교육적 의의

- 분류, 수, 서열 등의 개념학습이 이루어지고 과학적 지식을 자연스럽게 학습한다.
- 대 · 소근육이 발달하고 눈과 손의 협응력 및 감각기능이 발달한다.
- 물 · 모래는 용도가 제한되어 있지 않으므로 유아가 다양하게 탐색을 하면서 문제해결력과 창의성이 발달한다.
- 물 · 모래를 가지고 부담 없이 놀이를 하면서 유아의 불안이나 긴장감, 공격적 성향이 해소되어 정서적 안정을 얻게 된다.
- 물 · 모래 놀이를 통해 협동하기, 나누기 등의 사회적 상호작용을 많이 경험함으로써 사회성 발달이 증진된다.

나. 놀이지도

- 유아의 흥미와 관심에 따라 자발적으로 물 · 모래 놀이를 하도록 지도한다. 교사는 유아의 놀이를 잘 관찰하여 필요한 경우에만 적절히 개입하여 조언을 하거나 지도한다.
- 물 · 모래 놀이를 시작하기 전에 유아에게 앞치마를 입히고 옷소매를 걷게 하며 모래가 건조한 경우에는 물을 뿌려서 적당히 습기를 유지하도록 하는 등의 준비를 한다.
- 놀이가 끝나면 놀이 용품을 반드시 정리정돈하도록 지도한다.
- 놀이 규칙을 유아와 함께 정하여 지키도록 지도한다.

다. 환경구성

- 물 · 모래 놀이는 실내 · 외 어느 곳에서나 할 수 있지만 우리나라에서는 대부분 실외에서 이루어진다. 수도시설이 가깝고 유아들의 통행이 많지 않으며 배수처리가 용이한 장소가 적합하다.
- 모래밭의 크기는 유아의 인원수와 실외 놀이터 면적을 고려하여 결정하며 테두리는 콘크리트, 나무, 타이어 등 다양한 자료로 만들 수 있다.

- 실내 · 외에서 장소를 자유롭게 이동하여 물 · 모래 놀이를 할 수 있도록 이동식 물 · 모래 놀이대를 준비한다.
- 유아가 물 · 모래 놀이를 활발하게 할 수 있도록 다양한 종류의 놀이 용품을 제공한다. 학기초에는 물 · 모래 놀이 경험이 많지 않으므로 간단한 놀이 용품을 제공하고 점차 실험을 해 보거나 게임을 할 수 있는 다양한 놀이 용품을 준비해 준다.
- 플라스틱 바구니나 선반을 제공하여 놀이가 끝난 후에 물 · 모래 놀이 용품을 정리하여 보관하도록 한다.
- 연령별 환경구성은 다음과 같다.

  3세아 : 이동식 물 · 모래 놀이대의 높이는 50~55cm가 알맞으며 물 · 모래를 탐색하는 데 필요한 다양한 그릇, 체, 삽 등을 제공한다.

  4세아 : 이동식 물 · 모래 놀이대의 높이는 55~60cm가 적절하고 탐색활동 이외에 여러 역할놀이를 할 수 있도록 인형, 소꿉그릇, 블록 등을 제공한다.

  5세아 : 이동식 물 · 모래 놀이대의 높이는 60~65cm로 하며 물 · 모래로 여러 가지 실험을 할 수 있도록 준비하고(예 물에 녹는 것, 물레방아, 계량컵), 게임 자료(예 낚시, 보물찾기)도 제공한다.

〈표 19〉 물 · 모래 놀잇감

물 놀잇감	물 놀이대, 물놀이 통, 플라스틱 통, 깔때기, 호스, 물뿌리개, 분무기, 계란 거품기, 물총, 비누, 인형, 수건, 빨대, 식용 색소, 비닐 앞치마, 걸레나 스펀지
모래 놀잇감	모래 놀이대, 다양한 형태와 크기의 플라스틱 통, 삽, 주걱, PVC 파이프, 측정 도구(계량컵과 계량스푼, 저울, 양팔 저울), 교통기관 놀잇감(배, 트럭, 자동차, 불도저), 찍기 틀, 체, 자석, 톱밥, 인형, 빗자루와 쓰레받기

7 목공놀이

목공놀이는 유아가 나뭇조각과 망치, 못, 드릴 등의 도구를 사용해서 간단한 구성물을 만드는 놀이이다. 이 놀이는 위험성이 따르기 때문에 유아의 발달수준과 흥미, 유치원이나 어린이집의 원아 안전관리 여건 등을 고려하여 융통성 있게 실시한다.

가. 목공놀이의 교육적 의의

- 대 · 소근육의 발달과 눈과 손의 협응력이 촉진되며 감각기능이 발달한다.
- 목공놀이를 계획하고 실행하는 과정에서 사고력과 문제해결력이 증진된다.
- 입체구성 능력과 창의성이 발달한다.
- 어휘력과 의사소통 능력이 증진되며 읽기와 쓰기 학습의 기초 능력이 발달한다.
- 성취의 기쁨을 느끼고 긴장감이 해소되어 정서적 안정을 얻을 수 있다.
- 규칙을 지키고 협동하는 경험을 통해 사회성 발달이 이루어진다.

나. 놀이지도

- 유아가 목공놀이와 도구에 흥미를 갖도록 목공소, 가구 공장 등을 견학하거나 자원 인사, 예를 들어 목수, 조각가 등을 초청하는 사전활동을 실시한다.
- 안전관리를 위해 목공놀이 영역에 참여하는 유아의 수를 3~5명으로 제한하고 목공놀이용 도구를 사용할 때 지켜야 할 규칙을 유아들과 함께 정하여 지키도록 지도한다.
- 망치나 톱 등 목공 도구를 올바르게 사용하는 방법을 설명해 주고 직접 시범을 보이며 지도한다.
- 유아의 목공놀이를 잘 관찰하여 적절한 도움을 주면서 연령이나 개인차에 따라 단계적으로 지도한다. 즉, 3세 유아나 학기초에는 나무에 못질이나 톱질을 하기보다 스티로폼에 못을 박거나 잘라보는 활동이 적합하다.
- 목공놀이의 결과보다 과정에 초점을 맞추어 유아가 놀이를 하면서 다양한 경험을 하도록 지도한다.

다. 환경구성

- 목공놀이를 위한 공간을 고정적으로 설치하기보다 유아의 발달수준, 흥미

등을 고려하여 융통성 있게 구성한다.

- 목공놀이는 실내 · 외에서 모두 가능하나 실내에서 하는 경우, 소음이 많이 나므로 다른 놀이에 방해가 되지 않는 장소나 별도의 공간에 배치하는 것이 바람직하다. 실외에서 목공놀이를 할 때도 유아들의 왕래가 많은 곳은 피하고 다른 놀이영역과 거리가 조금 떨어진 장소를 택하는 것이 좋다.
- 유아 3~5명 정도가 함께 목공놀이를 할 수 있는 공간을 마련해 준다.
- 유아의 신체조건에 알맞으면서 안전한 목공놀이용 도구를 준비해 준다.
- 목공놀이용 도구는 철재 종류가 많으므로 녹이 슬지 않도록 습기가 차지 않게 보관한다.
- 목공놀이용 도구를 보관할 장이나 서랍을 마련해 준다.
- 연령별 환경구성은 다음과 같다.

3세아 : 목공놀이 영역을 반드시 설치할 필요는 없으나 유아들이 원하는 경우, 플라스틱 망치, 나무 못, 스티로폼 조각 등을 제공할 수 있다.

4세아 : 모래 종이로 나무결 다듬기, 스티로폼 판이나 골판지에 못질하기, 접

〈표 20〉 목공 놀잇감

목공놀이용 탁자	유아의 키에 적절한 높이(55~60㎝)로 견고하게 제작된 것
도구	• 망치 : 무겁지 않고 망치 머리가 넓적하며 손잡이의 길이와 두께가 유아에게 적합 • 톱 : 길이 40㎝ 이내의 작은 톱 • 클램프(clamp) : 톱질이나 망치질을 할 때 나무토막을 고정시키기 위해 사용하며 단순하고 작은 것이 적합 • 드릴(drill)과 송곳 : 나무에 구멍을 뚫을 때 사용하며 크기, 무게가 유아에게 적합 • 못, 나사못, 드라이버 : 못은 머리가 넓적하고 끝이 예리한 것으로 두께, 길이가 다양하게 준비, 또한 다양한 크기의 나사못과 작은 드라이버(나사돌리개) 준비
나뭇조각	다양한 크기와 형태의 나뭇조각 제공, 나무 종류는 부드러운 소나무가 적절
보조 자료	못, 나사, 자, 모래 종이, 스티로폼, 골판지, 아이스크림 막대, 압정, 연필, 가위, 경첩, 걸쇠, 작은 바퀴, 자석, 페인트, 물감, 니스, 붓, 접착제, 면장갑

착제로 나무토막 붙이기 등의 활동에 필요한 도구와 자료를 제공한다.

5세아 : 톱, 드릴, 나사, 자, 연필 등 다양한 도구와 자료를 제공하고 순서 카드를 준비하여 유아 스스로 목공놀이를 하도록 한다.

8 전래놀이

전래놀이는 옛날부터 전승되어 오는 우리 고유의 놀이(예 팽이 돌리기, 윷놀이 등)를 의미한다.

가. 전래놀이의 교육적 의의

- 대 · 소근육 운동능력 등 신체발달이 촉진된다.
- 집단놀이 경험을 통해 공동체 의식과 사회성 발달이 이루어진다.
- 자아존중감이 발달하고 만족감, 기쁨을 느끼며 긴장감을 해소하여 정서발달이 촉진된다.
- 다양한 어휘를 자연스럽게 익혀 언어발달이 증진된다.
- 수 개념, 공간 개념, 시간 개념 등 인지발달이 촉진된다.
- 우리나라의 전통문화에 관심을 가지고 친숙해질 수 있다.

나. 놀이지도

- 전래놀이의 방법이나 규칙, 놀이 도구 등을 현대 유아들의 생활 여건이나 연령, 발달수준, 흥미에 맞게 변형시켜서 활용하도록 한다.
- 전래놀이 방법이나 규칙을 변형시킬 때 유아들의 의견을 반영하면 더욱 효과적이다
- 전래놀이는 게임으로 진행되는 경우가 많은데 게임의 결과보다는 규칙을 지키며 열심히 참여하는 자세를 격려해 준다.
- 전래놀이를 특정 생활 주제(예 우리나라)나 행사(예 민속의 날)에만 집중해서 실시하기보다는 모든 생활 주제에 관련해서 전래놀이를 지속적으로 할 수 있도록 배려한다.

다. 환경구성

- 전래놀이 영역을 실외에 고정적으로 배치해서 유아가 지속적으로 전래놀이

를 할 수 있게 하거나 운동놀이 영역, 개방된 공간 등에서 전래놀이를 할 수도 있다.

- 대부분의 전래놀이가 집단놀이나 게임의 형식으로 이루어지므로 유아들이 마음껏 놀이할 수 있도록 넓은 공간을 확보한다.
- 전래놀이에서 사용되는 게임 도구나 놀잇감 중에는 유아의 발달수준에 적합하지 않은 것(예 윷판)들이 있으므로 유아의 수준에 맞게 난이도를 조절해서 제공하도록 한다.
- 연령별 환경구성은 다음과 같다.

3세아 : 어린 유아에게 적합한 전래놀이는 놀이방법이나 규칙이 단순하고 노래를 부르며 주로 몸을 이용해서 하는 신체놀이가 대부분이므로 유아가 안전하게 활동할 수 있는 넓은 공간을 조성해 준다. 또한 교사가 함께 참여하여 놀이 상대가 되어주거나 도와주도록 한다.

4~5세아 : 규칙이 있는 게임 형식의 전래놀이를 많이 하므로 유아의 신체적, 인지적 발달수준에 적합하고 흥미를 자극하는 매력적인 게임 도구를 제공한다.

〈표 21〉 전래 놀잇감

놀이 도구	윷과 윷판, 고누판과 말, 팽이, 연, 제기, 구슬, 딱지, 굴렁쇠
자연물	돌멩이, 나뭇가지, 풀, 나무토막, 모래

9 게임

게임은 두 명 이상의 유아가 규칙을 정하여 이기는 것을 목적으로 경쟁하면서 진행하는 놀이이다. Piaget(1962)는 게임이 가장 발달된 놀이 형태라고 주장하였다.

가. 게임의 교육적 의의

- 대 · 소근육 운동능력이 발달하며 기초 체력을 기른다.
- 집단게임을 하면서 공동체 의식과 협동하기, 규칙 지키기 등 사회성이 발달

한다.

- 게임을 통해 자신의 감정을 적절하게 통제하는 능력을 기르고 스트레스나 갈등을 발산하며 자신감, 성취감을 느끼는 등 정서발달이 촉진된다.
- 게임을 하면서 수, 서열화, 분류, 시간, 공간, 방향 등에 대한 개념이 발달하고 사고력이 발달한다.
- 언어게임을 통해 다양한 어휘를 습득하고 말하기, 듣기, 문자에 관심 가지기 등 언어발달이 증진된다.

나. 놀이지도

- 다양한 종류의 게임을 경험시킨다.

〈표 22〉 게임의 종류

종류	예
목표물 맞추기 게임	구슬 치기, 팥주머니 던지기
경주게임	릴레이 달리기
추적게임	수건 돌리기, 고양이와 쥐 게임
숨기 게임	술래잡기
알아 맞히기 게임	물건(사람) 알아 맞히기
언어적 지시게임	가라사대 게임
카드게임	도미노 게임
판 게임	윷놀이

출처 : Kamii & DeVries(1980 : 35).

- 유아의 흥미를 끌면서 발달수준에 적합한 게임을 선정한다. 유아의 연령에 적합한 게임을 소개하면 다음과 같다.

  3세아 : 특별한 운동 기술이나 인지능력을 필요로 하는 게임보다 규칙이 간단하고 이기고 지는 것이 강조되지 않으며 유아들이 자유롭게 활동하면서 즐길 수 있는 게임이 적합하다(예 원형으로 앉아 공 굴리고 받기).

4세아 : 게임방법이나 규칙이 복잡한 게임도 할 수 있다. 유아 개인별로 승부가 결정되는 게임 이외에 편을 나누어 하는 게임도 좋아한다(예 볼링하기).

5세아 : 참여자가 전략을 세워 서로 협동해야 하는 다양한 유형의 게임, 예를 들어 편 게임, 릴레이 게임, 2인 1조 게임을 할 수 있다(예 축구).

- 게임진행 방법, 규칙, 편 이름 짓기, 승부결정 방법, 벌칙 등을 교사가 일방적으로 정하여 지시하기보다 유아의 의견을 적극 수용하여 함께 결정한다.
- 유아들이 게임진행 과정에서 규칙을 지키며 최선을 다하도록 지도한다. 지나치게 승부에 집착하거나 경쟁을 하지 않도록 지도한다.
- 게임이 끝나고 평가를 한다. 평가는 게임의 결과보다 과정에 초점을 맞춘다. 예를 들어, 어느 편이 규칙을 잘 지켰는지, 협동을 잘 했는지, 응원을 열심히 했는지 등 과정중심의 평가를 한다.

다. 환경구성

- 두 명 이상의 유아가 참여하므로 각 게임에 적합한 공간을 조성한다. 특히 여러 명의 유아들이 둥글게 앉거나 자유롭게 서서 하는 게임, 편을 나누어서 하는 게임 등과 같이 공간 이동이 많은 게임을 할 때는 넓은 공간이 필요하다.
- 유아의 흥미를 끌 수 있는 다양한 게임 도구를 제공한다.
- 유아의 연령별 게임환경 구성 및 게임 도구를 소개하면 다음과 같다.

3세아 : 운동능력 및 인지능력이 미성숙하여 단순한 게임을 주로 하므로 주사위, 커다란 공이나 풍선, 바구니를 제공한다.

4세아 : 원형으로 앉거나 서서하는 게임에 적합한 공간을 구성해 주고 공, 팥주머니 등을 제공한다.

5세아 : 여러 명의 유아가 참여하여 공간을 이동하는 게임을 할 수 있도록 넓은 공간을 조성해 준다. 또한 축구공, 후프 등 게임 도구를 다양하게 제공하고 게임 규칙판, 점수판을 준비해 준다.

Part 2. 놀이 활동

Chapter 4. 영아 놀이

Chapter 5. 유아 놀이

Chapter 4

영아 놀이

1. 신체놀이

까꿍 놀이
공 굴리기
구불 길 걷기
종이 구기고 찢기
풍선채 놀이
후프놀이

2. 탐색놀이

블록 쌓기
오리 찾기
두껍아 두껍아
신나는 물놀이
밀가루반죽 놀이
비눗방울 놀이
냄비뚜껑 맞추기

3. 말놀이

전화놀이
내 눈은 어디에
동네산책
그림책 보기
지시에 따르기

4. 상징놀이

동물인형 돌보기
자동찻길 만들기
주유소 놀이
모래 죽 만들기
인형 목욕시키기

5. 표현놀이

두드려 소리 내기
밀가루 풀 그림
손인형 놀이
스카프 놀이
자동차 바퀴 찍기

까꿍 놀이

1 신체놀이

대 상 1세 영아

목 표
- 행동의 민첩성을 기른다.
- 대상이 눈에 보이지 않아도 존재함을 경험한다.
- 성인과 친밀감을 형성한다.

놀잇감 없음

놀이방법

1. 영아가 교사의 등 뒤에 있거나 문 뒤에 있어서 잘 보이지 않을 때 놀이를 시작한다.
   - ○○가 어디 있나? 안 보이네.
   - 찾아보자.
   - 까꿍, 여기 있구나.
2. 이번에는 손으로 선생님 얼굴을 가리고 까꿍 놀이를 한다.
   - 선생님이 없어, 어디 갔을까?
   - ○○야, 선생님 찾아봐.
3. 영아와 문이나 가구 뒤에 숨어서 숨바꼭질 놀이를 한다.
   - ○○야, 선생님이 어디 있는지 찾아봐.
   - 잘 찾았네. ○○가 잘 한다.
   - 이번에는 ○○가 숨어봐. 선생님이 찾을께.
   - ○○가 어디 있나? 여기 있나?
   - 없네, 어디 숨었지? 꼭꼭 숨었네.

참 고 생후 7, 8개월경에는 손수건이나 스카프를 이용해서 까꿍 놀이를 할 수 있다.

공 굴리기

1 신체놀이

대 상 1세 영아

목 표
- 공을 따라 몸을 움직여 본다.
- 눈과 손의 협응력을 기른다.
- 놀이의 즐거움을 느낀다.

놀잇감 가볍고 큰 공

놀이방법
1. 공을 만져보게 한다.
   - ㅇㅇ야, 이게 뭘까?
   - 공을 만져보자.
2. 영아에게 공을 굴려준다.
   - ㅇㅇ에게 공이 굴러가네.
   - 잡아보세요.
   - ㅇㅇ가 잘 잡았네
   - 와, 공이 저쪽으로 도망가네. 잡으러 가자.
3. 영아와 마주보고 앉아서 공 주고받기를 한다.
   - 공이 갑니다. 떼굴떼굴
   - 이번에는ㅇㅇ가 선생님한테 공을 굴려보자.

참 고 영아의 능력에 따라 마주보고 앉는 거리(간격), 공의 크기 등을 결정한다.

구불 길 걷기

1 신체놀이

대 상 1세 영아

목 표
- 신체 조절력을 기른다.
- 신체 균형감을 기른다.
- 성취감을 느껴본다.

놀잇감 마스킹 테이프

놀이방법
1. 바닥에 마스킹 테이프를 붙여서 구불한 길을 만든다. 영아의 손을 잡고 길을 따라 걸어본다.
   - ○○야, 선생님과 손잡고 걸어볼까?
   - 길을 따라 천천히 걷자.
2. 오던 길을 되돌아간다.
   - 이제 다 왔네. ○○가 잘 걷는 구나.
   - 다시 돌아가자.
3. 선생님이 앞서 걷고 영아가 따라 오게 한다.
   - 선생님 잡으러 오세요.
   - 와, 선생님 잡히겠네. 도망가자.
4. 이번에는 영아가 앞서 걷게 한다. 천천히 뒤따라가면서 영아를 격려해 준다.
   - ○○가 잘 걸어서 선생님이 못 쫓아가겠네.

참 고
- 영아의 능력을 고려하여 걷는 속도를 조절한다.
- 영아의 성취를 축하하고 격려해 주어서 만족감을 느끼게 한다.

종이 구기고 찢기

1 신체놀이

대 상 1세 영아

목 표
- 눈과 손의 협응력을 기른다.
- 다양한 종이를 촉감으로 느껴본다.
- 만족감을 느낀다.

놀잇감 잡지, 휴지, 포장지 등 다양한 종이

놀이방법
1. 종이를 보여주며 살펴보게 한다.
   – 이게 뭘까?
   – 만져 볼까?
   – 이 휴지는 부드럽네.
2. 종이를 구기거나 찢어보게 한다.
   – 종이를 마음대로 구겨보자.
   – 종이가 어떻게 되었니?
   – 이번에는 종이를 손으로 찢어보자.
   – 와, 길게 찢어졌네.
3. 종이를 뭉쳐서 공을 만든다.
   – 선생님이 종이를 구겨서 뭉쳤더니 공이 되었네.
   – ○○도 한번 해 볼까?
4. 종이 공을 가지고 놀이를 한다.
   – 종이 공을 던져볼까?
   – 멀리까지 잘 던졌네.
   – 바구니 안으로 쏙 넣어보자.

참 고 종이 공을 던져 넣을 수 있는 바구니를 준비한다.

풍선채 놀이

1 신체놀이

대 상 2세 영아

목 표
- 신체 각 부분의 협응력을 기른다.
- 신체조절 능력을 기른다.
- 집중하는 경험을 한다.

놀잇감 풍선채, 풍선

풍선채 만들기

준비물 : 철사 옷걸이, 스타킹
만드는 법 : 옷걸이를 마름모 모양으로 만들고 스타킹을 팽팽하게 씌운다.

놀이방법

1. 영아와 함께 풍선과 풍선채를 살펴본다.
   - 풍선을 만져보자.
   - 느낌이 어떠니?
   - 이 채는 만지니까 부드럽네.
   - 이것으로 어떤 놀이를 할 수 있을까?

2. 풍선채로 풍선을 위로 쳐올리고 받는 놀이를 한다. 처음에는 교사가 시범을 보여주고 영아가 치는 것을 도와준다.
   - 풍선을 채 위에 올려놓고 선생님이 하는 것처럼 풍선을 쳐보자.
   - 와, 풍선이 높이 올라가네.
   - ○○가 잘하는 구나.
3. 교사가 영아에게 풍선을 쳐서 보내주면 영아가 받아보게 한다.
   - 자, ○○에게 풍선이 갑니다.
   - 잘 받아보자.

참 고 영아가 흥미를 가지고 계속 놀이할 수 있도록 격려해 준다.

후프놀이

1 신체놀이

대 상 2세 영아

목 표
- 신체를 조절하며 움직이는 능력을 기른다.
- 위치와 형태, 방향에 관련된 어휘를 익힌다.
- 자신이 성취한 일에 자부심을 느낀다.

놀잇감 후프

놀이방법

1. 후프를 가지고 자유롭게 탐색한다.
   - 후프가 어떤 모양이니?
   - 이것으로 어떻게 놀 수 있을까?
   - 굴려보자.
2. 교사가 후프를 굴려주면 영아가 쫓아가서 잡아보게 한다.
   - 후프가 떼굴떼굴 굴러가네.
   - 어디로 굴러가니?
   - ○○야, 후프를 잡아보자.
   - ○○가 잘 잡았네.
3. 후프를 가지고 다양한 놀이를 한다. 바닥에 늘어놓고 깡충 뛰기를 하거나 후프 통과하기, 굴리기 놀이 등을 할 수 있다.
   - 후프 안으로 깡충 뛰어 들어가자.
   - 선생님이 들고 있는 후프 속으로 지나가 보자.

참 고 후프는 영아의 신체발달 수준에 적합한 크기를 선택한다.

블록 쌓기

2 탐색놀이

대 상 1세 영아

목 표
- 눈과 손의 협응력을 기른다.
- 사물의 특성을 파악한다.
- 행동과 관련된 말을 듣고 반응한다.

놀잇감 종이벽돌 블록

놀이방법
1. 종이벽돌 블록을 탐색한다.
   - 블록을 만져보자.
   - 블록을 하나씩 들어보자. 무거우니?
2. 종이벽돌 블록을 하나씩 올려놓아 쌓는다.
   - ○○야, 블록을 높이 쌓아볼까?
   - 블록 위에 또 하나 올려놓자.
   - 블록이 쓰러지지 않게 잘 쌓고 있구나.
   - 네 키만큼 높아졌네.
3. 영아들은 블록을 높게 쌓았다가 허물어지면 대단히 좋아한다.
   - 블록이 흔들, 흔들!! 어쩌나!
   - 어떻게 무너졌니? 어떤 소리가 났니?
4. 블록이 무너지면, 다시 쌓아보도록 격려한다.
   - 다시 쌓아볼까?
   - 이번에는 어떻게 쌓을까?
   - 얼마나 높이 쌓을까?

참 고
- 종이벽돌 이외에 우레탄 블록이나 스펀지 블록, 상자 등을 사용할 수 있다.
- 영아가 너무 과격하게 블록을 무너뜨리지 않도록 지도한다.
- 영아가 성취감과 만족감을 느낄 수 있도록 격려한다.

오리 찾기

2 탐색놀이

대 상 1세 영아

목 표
- 소리를 듣고 반응한다.
- 성취감을 느껴본다.
- 호기심을 가지고 집중하는 경험을 한다.

놀잇감 방석, 소리 나는 오리인형

놀이방법

1. 오리인형을 눌러 소리를 내어서 영아의 관심을 유도한다.
   - 노란 오리인형이 참 예쁘지.
   - 인형을 한번 눌러볼까?
   - 무슨 소리가 나니?
   - 오리가 꽥꽥 반갑다고 하네.
2. 오리인형을 방석 밑에 숨긴다.
   - 오리가 없어졌다. 어디 있을까?
   - ㅇㅇ가 찾아보자.
3. 인형을 눌러서 소리를 내고 찾아보게 한다.
   - 어디서 소리가 나지?
   - 오리가 어디에 숨어 있나?
   - 와~ ㅇㅇ가 오리를 찾았네. 잘 했어요.
4. 영아가 오리를 숨기고 교사가 찾아본다.
   - 이번에는 ㅇㅇ가 오리를 숨겨보자.
   - 어디에 숨길까?
   - 오리야, 꼭꼭 숨어라.

참 고 여러 가지 소리 나는 놀잇감(공, 자동차 등)을 이용할 수 있다.

두껍아 두껍아

2 탐색놀이

대 상 1, 2세 영아

목 표
- 신체조절 능력을 기른다.
- 다양한 감각을 경험한다.
- 욕구를 조절하는 경험을 한다.

놀잇감 젖은 모래

놀이방법
1. 젖은 모래를 만져보며 이야기를 나눈다.
   - 모래를 만져보자. 느낌이 어떠니?
2. 전래동요(두껍아 두껍아 헌집 줄게 새집 다오)를 부르며 두꺼비집 만드는 시범을 보인다.
   - 두꺼비집을 만들어보자.
   - ○○야, 선생님 손등 위에 모래를 한줌 올려 주세요.
   - 모래를 살살 두드려 주세요.
   - 이제 선생님이 손을 살짝 빼볼게.
   - 어떤 집이 만들어졌니?
3. 영아의 손등에 젖은 모래를 올려놓고 다독거린다.
   - ○○ 손이 어디 갔나?
   - 모래 속에 숨었네.
   - 손을 살살 빼보세요.

참 고
- 모래 놀이를 다양하게 할 수 있도록 그릇, 삽 등을 제공한다.
- 영아가 모래를 입에 넣거나 친구에게 뿌리지 않도록 지도한다.

신나는 물놀이

2 탐색놀이

대 상 1, 2세 영아

목 표
- 물의 감촉을 느껴본다.
- 물의 특성을 탐색한다.
- 놀이를 하면서 긴장감을 해소한다.

놀잇감 커다란 통, 플라스틱 그릇이나 음료수통

놀이방법
1. 큰 통에 담긴 물을 손으로 자유롭게 탐색하게 한다.
   - 물속에 쏘옥 손을 넣어보자.
   - 이렇게 손으로 휘저어보자. 물이 어떻게 되었니?
   - ○○야, 어떤 소리가 나니?
   - 손바닥을 이렇게 오므리고 물을 가득 담아보자.
2. 플라스틱 그릇에 물을 담았다 쏟는 놀이를 한다.
   - 이 그릇에 물을 담아보자.
   - 물을 쏟을 때 어떤 소리가 나는지 들어보자.

3. 음료수통에 물을 담고 뚜껑을 덮은 후에 흔들어본다.
   - 통을 물속에 넣어보자.
   - 통속으로 물이 보글보글 들어가네.
   - 뚜껑을 덮고 흔들어보자.
   - 세게, 더 세게! 찰랑 찰랑 소리가 나지?
   - 뚜껑을 열고 그릇에 물을 쏟으세요.

참 고
- 음료수통에 식용 색소와 물을 넣고 흔들어 소리를 내어보게 한다.
- 더운 날 실외에서 영아들이 자유롭게 물놀이를 할 수 있도록 고무풀을 제공한다.

밀가루반죽 놀이

2 탐색놀이

대 상 1, 2세 영아

목 표
- 촉감으로 사물을 탐색한다.
- 눈과 손의 협응력을 기른다.
- 스스로 할 수 있는 일에 즐거움을 느낀다.

놀잇감 밀가루반죽, 플라스틱 통이나 그릇, 모양 찍기 틀, 밀대

밀가루반죽 만들기

준비물 : 밀가루, 물, 식용유, 소금
만드는 법 : 밀가루에 식용유와 소금을 조금 넣고 물을 부어서 밀가루를 반죽한다.
손에 들러붙지 않을 정도로 반죽한다.

놀이방법
1. 밀가루반죽을 만져보며 탐색하게 한다. 손바닥으로 두드리거나, 손가락으로 꾹꾹 눌러보게 한다.
   - 반죽을 만져보자. 어떤 느낌이 드니?
   - 손가락으로 누르니까 반죽이 어떻게 되지?
2. 반죽을 떼어서 바닥에 늘어놓거나 그릇에 담아보게 한다.
   - ○○가 반죽을 조금 떼어볼까?
   - 반죽을 그릇에 담아보자.
3. 밀가루반죽을 밀대로 밀은 후, 모양 찍기 틀로 찍어보게 한다.
   - 밀대로 반죽을 밀어보자.
   - 반죽이 어떻게 되었니?
   - 어떤 모양 틀로 찍어볼까?
   - 예쁜 꽃 모양이 나왔네.

참 고
- 어린 영아의 경우, 밀가루반죽을 입에 넣지 않도록 주의시킨다.
- 밀가루반죽 만드는 과정에 영아를 참여시킬 수도 있다.
- 음식 만들기 놀이로 확장할 수 있다.

비눗방울 놀이

2 탐색놀이

대 상 1, 2세 영아

목 표
- 호기심을 가지고 새로운 사물을 탐색한다.
- 운동능력을 기른다.
- 놀이를 통해 즐거운 경험을 한다.

놀잇감 비눗방울액, 고리막대

고리막대 만들기

준비물 : 모루, 나무젓가락
만드는 법 : 나무젓가락에 모루를 동그랗게 감아서 고리를 만든다.

놀이방법

1. 고리막대로 비누액을 불어서 방울 만드는 시범을 보인다.
   - 이것 좀 보세요.
   - 선생님이 '후' 하고 부니까 무엇이 생기니?
2. 비눗방울을 여러 방향으로 불어서 영아가 다양한 동작을 하며 잡아 보게 한다.
   - 비눗방울이 어디로 갔니?
   - 비눗방울을 손으로 잡아보자.
   - 비눗방울이 어떻게 되었니?
3. 고리막대를 영아의 입 가까이에 대어주고 비눗방울을 불어보게 한다.
   - ○○야, 한번 불어볼래?
   - 천천히 '후' 하고 불어보자.
   - 와, 잘하네. 커다란 비눗방울이 만들어졌어.

참 고
- 비눗방울 놀이를 할 때는 비누액이 영아의 입에 들어가지 않도록 주의시킨다.
- 비눗방울 놀이용 세제는 액체 세제에 식용 색소를 넣어 만든다.

냄비뚜껑 맞추기

2 탐색놀이

대 상 2세 영아

목 표
- 눈과 손의 협응력을 기른다.
- 소근육 운동능력이 발달한다.
- 관심 있는 사물을 반복하여 탐색한다.

놀잇감 다양한 크기의 냄비와 뚜껑

놀이방법
1. 냄비를 살펴보며 이야기를 나눈다.
   - 이것이 무엇일까?
   - 어디서 보았지?
2. 냄비뚜껑을 탐색한다.
   - 뚜껑을 열어보자.
   - 다시 닫아보자.
3. 냄비에 맞는 뚜껑을 찾아서 덮게 한다.
   - ○○야, 이 뚜껑은 어떤 냄비에 맞을까?
   - 어, 뚜껑이 냄비 속으로 빠져 버렸네. 왜 그럴까?
   - 뚜껑이 냄비보다 작아서 빠졌구나.
   - 이 뚜껑도 냄비에 잘 맞지 않네.
   - 어떤 뚜껑이 맞을까?

참 고
- 숟가락으로 냄비를 두드리며 소리를 탐색한다.
- 냄비를 크기에 따라 포개어 넣어 보거나 크기대로 늘어 놓는다.
- 병과 병뚜껑 맞추기 놀이를 할 수 있다.

전화놀이

3 말놀이

대 상 1세 영아

목 표
- 말로 표현하는 능력을 기른다.
- 상대방과 의사소통 하는 능력을 기른다.
- 사물의 용도를 이해한다.

놀잇감 놀이용 전화기

놀이방법
1. 영아와 함께 전화기를 탐색하면서 전화하는 시늉을 한다.
   - 이게 뭘까?
   - 따르릉 따르릉, ○○집에 전화가 왔네.
   - 여보세요, 여보세요.
2. 영아의 귀에 전화기를 대주고 말을 해 보게 한다.
   - 따르릉 따르릉, 아빠가 전화하셨네, 전화 받아보자.
   - '아빠' 하고 불러 봐.
   - '안녕' 인사해 보자.
3. 전화기를 가지고 서로 전화하는 놀이를 한다.
   - 안녕하세요? 선생님이에요.
   - ○○를 바꿔 주세요.
   - ○○는 뭐하고 있었어?
   - 그래, 인형놀이를 하고 있었구나.
   - ○○가 전화를 잘 하네.
   - 이제 끊을게요. 안녕히 계세요.

참 고 영아가 하는 말을 잘 들어주고 무슨 말을 해야 하는지 시범을 보인다.

내 눈은 어디에

3 말놀이

대 상 1세 영아

목 표
- 신체부분의 이름을 익힌다.
- 말을 듣고 반응한다.
- 자신의 신체에 관심을 갖는다.

놀잇감 인형, 거울

놀이방법
1. 영아의 얼굴이나 몸을 만져보게 한다.
   - 머리가 어디 있나? 만져보자
   - 이번에는 배를 만져볼까?
2. 거울을 함께 보면서 얼굴의 각 부분을 살펴본다.
   - 와, ○○ 얼굴이 저기 거울에 보이네.
   - 선생님 눈도 보여.
3. 교사가 몸의 각 부분 명칭을 말하면 영아가 자기 몸에서 찾아보게 한다.
   - ○○ 눈은 어디 있나?
   - 예쁜 코를 찾아보자.
4. 교사나 인형의 신체부분을 찾아 손가락으로 짚는 놀이를 한다.
   - 선생님 입은 어디 있나?
   - 선생님 입은 요기 있구나.
   - 애기 인형의 귀를 찾아보자.

참 고
- 영아가 잘 반응하면 칭찬을 해 준다.
- 교사는 영아가 흥미를 계속 유지하도록 노래를 부르는 것처럼 말을 한다.
- 신체부분 외에 영아 주변에 있는 양말, 시계, 모자 등 물건을 찾는 놀이로 확장할 수 있다.

동네산책

3 말놀이

대 상 1세 영아

목 표
- 말소리에 관심을 갖게 한다.
- 사물의 이름을 안다.
- 사물의 기능을 탐색한다.

놀잇감 유모차

놀이방법
1. 영아를 데리고 동네산책을 한다. 영아가 관심을 보이는 사물이 있으면 그 명칭을 말해 준다.
   - 놀이터에 무엇이 있나 볼까?
   - 여기 의자가 있네.
   - 저건 시소야.
   - ○○도 시소라고 말해 볼까.
2. 의자나 시소에 앉아서 사물의 기능을 직접 경험하며 놀이하게 한다.
   - 시소에 앉아보자.
   - 와, ○○가 앉으니까 시소가 내려가네.
   - 올라가고 내려가고, 재미있지?
3. 주변의 자연환경에도 관심을 갖게 한다.
   - 여기 꽃이 있네, 한번 만져보자.
   - ○○야, 느낌이 어떠니?
   - 단풍잎이 떨어져 있네.
   - 노란색, 빨간색 단풍잎 예쁘지?

참 고
- 영아가 다양한 언어 반응을 하도록 자연스럽게 유도한다.
- 영아가 안전하게 탐색하고 놀이하도록 도움을 준다.

그림책 보기

3 말놀이

대 상 1, 2세 영아

목 표
- 그림책에 관심을 갖는다.
- 이야기 듣는 경험을 한다.
- 성인과 친밀감을 형성한다.

놀잇감 헝겊 책, 소리 나는 책, 촉감 책

놀이방법
1. 영아를 무릎에 앉히고 함께 그림책을 살펴본다.
   - 선생님하고 그림책을 보자.
   - 여기를 눌러보자.
   - 와, 꽥꽥 오리 소리가 나네. 재미있지?
   - 이 거울 그림을 만져봐, 느낌이 어떠니?
2. 천천히 그림을 함께 보면서 내용을 이야기해 준다. 영아가 특별히 관심을 보이는 그림이나 장면이 있으면 이야기를 함께 나눈다.
   - 곰돌이가 과자를 먹고 있구나.
   - ○○도 과자 좋아하지?
   - 우리도 먹어볼까? 냠냠
3. 각 장면에 나오는 그림을 손가락으로 가리켜 보게 하거나 주인공의 행동을 따라 해보게 한다.
   - 토끼는 어디 있지?
   - 곰돌이처럼 문을 똑똑 두드려 볼까?
4. 영아가 더 듣고 싶어하면 2, 3번 반복하여 읽어준다.
   - 자, 처음부터 다시 시작!

참 고 영아에게 책을 읽어줄 때는 영아의 반응을 살펴보면서 읽는 속도, 목소리 크기를 조절한다.

지시에 따르기

3 말놀이

대 상 2세 영아

목 표
- 남이 하는 말을 주의 깊게 듣는다.
- 위치에 관련된 어휘를 익힌다.
- 말을 듣고 행동으로 따라한다.

놀잇감 손수건

놀이방법
1. 손수건을 보면서 함께 탐색한다.
   – 이게 무엇이지?
   – 언제 사용할까?
2. 영아가 손수건을 원하는 장소에 갖다 놓게 한다.
   – ○○야, 손수건을 어디에 놓아볼까?
   – ○○는 손수건을 머리 위에 올려 놓았구나.
   – 와, 이번에는 책상 위에 놓았네.
3. 교사가 지시하는 대로 따라 해보게 한다.
   – 손수건을 다리 밑에 놓아볼까?
   – 어깨 위에 올려 놓아보자.
   – ○○가 잘 하는구나.
   – 이번에는 의자 뒤에 갖다 놓을까?
4. 교사와 역할을 바꾸어 영아가 지시를 한다.
   – ○○야, 선생님이 손수건을 어디에 놓을까?
   – 코 위에 놓으라고?
   – ○○가 말을 아주 잘 하는구나.

참 고 실내에 있는 여러 물건을 활용할 수 있다.

동물인형 돌보기

4 상징놀이

대 상 1세 영아

목 표
- 모방 행동을 통해 남을 돌보는 경험을 한다.
- 상상력을 기른다.
- 다양한 촉감을 경험한다.

놀잇감 동물인형, 이불과 요, 베개

놀이방법
1. 동물인형을 안아주거나 만지면서 감각경험을 하게 한다.
   - 코돌이 인형이 너와 놀고 싶대.
   - 인형을 안아주니까 기분이 어떠니?
2. 이불과 요를 펴서 코돌이 재울 준비를 한다.
   - 코돌이가 너무 피곤해서 자고 싶대요.
   - 코돌이 인형을 재우려면 무엇이 필요할까?
   - 푹신한 요와 이불이 여기 있어요.
3. 자장가를 부르며 코돌이를 토닥거려준다.
   - 어떻게 하면 코돌이가 잘 잘까?
   - 자장 자장 우리 아기 잘도 잔다.~
   - 코돌이가 잠들었어요.
   - 쉿, 조용히! 아기가 깨요.
4. 코돌이에게 이불을 덮어준다.
   - 감기 들지 않게 이불을 덮어주자.

참 고
- 동물인형은 영아가 안을 수 있는 크기로 준비한다.
- 놀이용 우유병을 제공하여 우유 먹이는 놀이로 연결할 수 있다.
- 조용한 음악을 들려주어 영아도 인형 곁에서 잠을 자게 한다.

자동찻길 만들기

4 상징놀이

대 상 1, 2세 영아

목 표
- 소근육 운동능력이 발달한다.
- 성취감을 느낀다.
- 상상하는 능력을 기른다.

놀잇감 종이벽돌 블록, 나무블록, 장난감 자동차

놀이방법

1. 블록과 자동차를 살펴본다.
   - 블록을 만져보자.
   - 이것으로 뭘 만들까?
   - 여기 자동차도 있네.
2. 길을 만들어보자고 제안한다.
   - 자동차가 다니는 길을 만들까?
   - 길을 어떤 모양으로 만들까?
   - 얼마나 길게 만들까?
3. 종이벽돌 블록이나 나무블록을 늘어놓는다.
   - 선생님이 블록을 하나 놓아볼게.
   - 이번에는 네가 블록을 놓을 차례야.
4. 블록으로 만든 길 위에서 자동차 굴리는 놀이를 한다.
   - 부릉 부릉 자동차가 달려갑니다!
   - 어디 가는 자동차예요?
   - 너무 빨리 달리면 안 돼요. 사고가 나요.

참 고
- 블록을 가로로 이어놓거나 세로로 줄지어 놓고 비교해 본다.
- 바닥에 마스킹 테이프를 붙여서 줄을 만들고 줄 위에 블록을 놓아보게 한다.

주유소 놀이

4 상징놀이

대 상 1, 2세 영아

목 표
- 성인의 역할을 모방해 본다.
- 놀이를 통해 사회적 역할을 이해한다.
- 말로 의사표현을 한다.

놀잇감 영아가 탈 수 있는 장난감 자동차, 모형 주유기, 고무호스, 수건

놀이방법

1. 영아와 자동차, 모형 주유기, 고무호스, 수건을 살펴본다.
   - 이것이 무엇일까?
   - 이런 것을 어디서 보았니? 그래, 주유소에서 보았지?
   - 자동차가 달리려면 무엇을 넣어야 할까?
2. 주유소에서의 경험을 놀이로 표현하도록 한다. 교사가 놀이에 함께 참여하여 놀이를 활성화시킨다.
   - 아저씨, 자동차에 기름 좀 넣어 주세요.
   - 많이 넣어 주세요.
   - 고맙습니다. 여기 돈 받으세요.
   - ○○야, 이번에는 네가 손님을 해.
3. 고무호스와 수건을 사용해서 세차놀이로 확장시킨다.
   - 자동차가 많이 더러워요. 닦아 주세요.
   - 무엇으로 닦으면 될까?
   - 다 닦았네. 자동차가 어떻게 되었니?

참 고 더운 날씨에는 실외에서 수돗물을 틀어 놓고 세차놀이를 할 수 있다.

모래 죽 만들기

4 상징놀이

대 상 2세 영아

목 표
- 상상력이 발달한다.
- 모래의 감촉을 느껴본다.
- 모래의 특성을 이해한다.

놀잇감 모래, 플라스틱 그릇, 국자, 삽, 통

놀이방법
1. 모래를 손으로 만져보면서 탐색한다.
   - ○○야, 모래를 만져보자.
   - 손가락 사이로 모래가 빠져나가네.
   - 손바닥으로 모래를 꾹꾹 누르면 어떻게 될까?
2. 모래 죽 만들기를 제안한다.
   - 모래로 죽을 만들려면 어떻게 해야 할까?
   - 무엇이 필요하니?
3. 삽으로 모래를 떠서 통이나 그릇에 넣고 물을 부어서 모래 죽을 만든다.
   - 모래에 물을 넣으면 어떻게 될까?
   - 물을 얼마나 넣을까?
   - 국자로 저으니까 어떻게 되었니?
   - 어떤 색깔이 되었니?
4. 쟁반에 담아 맛있게 먹는 시늉을 한다.
   - 모래 죽을 작은 그릇에 담아보자.
   - 냠냠 가짜로 먹어 봅시다.

참 고
- 모래 죽에 꽃잎이나 나뭇잎을 넣어본다.
- 모래에 물을 많이 넣었을 경우와 적게 넣었을 경우를 비교해 본다.

인형 목욕시키기

4 상징놀이

대 상 2세 영아

목 표
- 실생활 경험을 놀이로 표현한다.
- 물과 비누의 성질을 이해한다.
- 정서적 긴장을 해소한다.

놀잇감 인형, 큰 통, 비누, 스펀지, 수건, 빗

놀이방법
1. 목욕경험에 대해 이야기를 나눈다.
   - ○○야, 언제 목욕했니?
   - 무엇으로 닦았어?
   - 목욕하고 나면 기분이 어때?
2. 인형 목욕시키기 놀이를 제안한다.
   - ○○야, 이 애기 인형 얼굴에 뭐가 묻었네.
   - 선생님하고 인형 목욕시켜줄까?.
3. 인형 목욕시키는 방법에 대해 이야기한다.
   - 너 목욕할 때 어떻게 했지?
   - 제일 먼저 무얼 했나?
   - 그래 옷을 먼저 벗었지.
4. 인형을 목욕시킨다.
   - 인형 몸을 어떻게 닦아야 깨끗할까?
   - 머리도 깨끗하게 감겨주자.
   - 자, 다 됐네. 수건으로 닦아주자.
   - 빗으로 머리도 빗겨줄까?

두드려 소리 내기

5 표현놀이

대 상 1세 영아

목 표
- 다양한 소리를 내는 경험을 한다.
- 소리를 주의 깊게 듣는다.
- 만족감을 느낀다.

놀잇감 나무막대 또는 나무주걱, 냄비, 깡통, 플라스틱 바구니, 종이 상자 등

놀이방법
1. 나무막대나 주걱을 가지고 주변에 있는 놀잇감이나 물건을 두드려 소리를 낸다.
   - 이 과자통을 두드려보자.
   - 어떤 소리가 나니?
   - 통통 소리가 나네.
   - 선생님처럼 손으로 두드려볼까?
2. 서로 다른 소리에 관심을 갖게 한다.
   - 소리가 다르네.
   - 쉿~ 잘 들어보자.
   - 냄비를 두드려볼까? 와, 큰 소리가 나네.
   - 좀 더 세게 두드려보자.
   - 이번에는 살살 두드려보자.
   - 소리가 작아졌네.

3. 교사가 불러주는 노래에 맞추어서 두드려보게 한다.
   - 자, 선생님이 부르는 노래에 맞추어 손바닥으로 두드려보세요.

밀가루 풀 그림

5 표현놀이

대 상 1세 영아

목 표
- 다양하게 표현하는 경험을 한다.
- 새로운 자료를 촉감으로 느껴본다.
- 놀이를 통해 즐거움을 느낀다.

놀잇감 밀가루 풀, 종이, 비닐지, 앞치마

밀가루 풀 만들기

준비물 : 밀가루, 물감
만드는 법 : 밀가루에 물을 붓고 끓여서 만든 풀에 물감을 넣어 색풀을 만든다.

놀이방법

1. 영아와 밀가루 풀을 탐색한다.
   - 이게 뭘까? 만져보자.
   - 손가락으로 꾹 눌러보자.
   - 밀가루 풀이 어떻게 되었니?
2. 커다란 종이나 비닐지 위에 색풀을 놓아주고 손으로 문질러보게 한다.
   - 손으로 쓱쓱 문질러보자.
   - 느낌이 어떠니? 미끌미끌 하네.
3. 다양한 방법으로 문질러서 무늬를 표현하게 한다.
   - 두 손으로 문질러보자.
   - 선생님처럼 주먹을 쥐고 문질러볼까?
   - 어떤 무늬가 생겼어?

참 고 영아가 다양하게 표현하도록 칭찬하고 격려해 준다.

손인형 놀이

5 표현놀이

대 상 1세 영아

목 표
- 남을 모방하여 표현한다.
- 말을 듣고 반응한다.
- 상상력을 기른다.

놀잇감 손인형

놀이방법
1. 교사의 동작을 따라 해보게 한다.
   - 자, 선생님이 하는 대로 해 보자.
   - 주먹을 쥐어 보세요, 다음에는 짝 펴세요.
   - 손을 흔들며 인사하세요.
2. 영아가 잘 따라 하면 손인형을 등장시켜서 영아에게 인사한다.
   - 안녕! 친구야!
   - 나는 곰돌이야! 반갑다.
   - 너도 인사해 봐.
   - 우리 악수하자.
3. 손인형을 영아에게 끼워주고 다양하게 움직여보게 한다.
   - 인형이 걸어가는 것처럼 움직여보자.
   - 곰돌이에게 '사랑해' 해 주세요.
   - 곰돌이가 박수를 치고 싶어하네. 짝짝~

스카프 놀이

5 표현놀이

대 상 1, 2세 영아

목 표
- 스카프로 다양한 표현을 해 본다.
- 스카프의 움직임, 촉감을 느껴본다.
- 음악에 맞추어 몸을 움직인다.

놀잇감 스카프, 북, 음악 테이프

놀이방법
1. 영아에게 스카프를 주고 다양한 방법으로 흔들어 보게 한다.
   - 이게 무얼까?
   - ○○야, 스카프를 잡고 흔들어 볼까?
   - 와, 잘 흔드네.
   - 스카프가 춤을 추는 것 같네.
   - 빨리 흔들어 보자. 다음에는 천천히 흔들자.
   - 팔을 위로 높이 들고 흔들어 볼까?
2. 영아가 몸을 움직이면서 스카프를 흔들어 보도록 한다.
   - ○○야, 깡충 뛰면서 흔들어 보자.
   - 이번에는 스카프를 흔들면서 달려보자.
   - 스카프가 바람에 날아가는 것 같지?
3. 북소리나 음악 소리에 맞추어서 스카프를 흔들게 한다.
   - 둥둥둥~ 북소리! 스카프를 흔들자.

참 고
- 다양한 색상의 스카프를 준비한다.
- 음악의 빠르기, 느낌에 맞추어 다양하게 표현하도록 격려한다.

자동차 바퀴 찍기

5 표현놀이

대 상 2세 영아

목 표
- 다양하게 표현하는 경험을 한다.
- 결과에 만족감을 느낀다.
- 눈과 손의 협응력을 기른다.

놀잇감 장난감 미니 자동차, 도화지, 물감 접시

놀이방법
1. 영아와 함께 미니 자동차를 살펴본다.
   - 뛰뛰빵빵~~ 자동차예요.
   - 자동차를 굴려보자.
   - 바퀴가 어떤 모양이니?
2. 미니 자동차 바퀴에 물감을 묻혀서 종이 위에 굴려본다.
   - 바퀴에 어떤 색 물감을 묻힐까?
   - 자동차를 종이 위에 놓고 바퀴를 굴려보자.
   - 어떤 무늬가 생겼니?
3. 여러 방법으로 자동차를 굴려서 물감그림을 그린다.
   - 자동차를 이리 저리 움직여 보자.
   - 어떤 그림이 그려졌니?
     - 빨강색 줄이 생겼네.

참 고 미니 자동차는 영아 손에 맞는 크기로 준비한다.

Chapter 5

유아 놀이

1. 쌓기 놀이

강아지 집 만들기
너 하나 쌓고 나 하나 쌓고
자전거 길 만들기
과자로 만든 집
도미노 놀이
피라미드 쌓기
울타리 쌓기
친구와 바꾸어 쌓기
공룡 나라
번쩍이는 빌딩 짓기
신나는 놀이터 만들기
쌍둥이 블록 쌓기
모양 종이에 블록 쌓기
동물원 만들기
그림 카드처럼 쌓기

2. 조작놀이

양말 파티
글자기차 놀이
광대 꾸미기 놀이
포크-스푼-나이프
나는 누구일까요?
구멍 뚫린 카드 꾸미기
똑같은 카드 찾기
젓가락으로 상자 쌓기
바구니 직조
리본 묶기
모루 숫자 만들기

3. 역할놀이

동물병원 놀이
결혼식 놀이
이삿짐센터 놀이
슈퍼마켓 놀이
TV 요리시간
우주선 놀이
세차장 놀이
여행가기
장난감박물관 놀이
운동경기 중계
119 구조대 놀이
해저탐험 놀이
음료수 가게놀이
신나는 퍼레이드
중국음식점 놀이
상품광고 놀이
자동차 가게놀이

4. 창의적 극 놀이

감정 표현하기
그림자 따라하기
만화 주인공 되기
그림자 인형극
『빨간 모자』 주제극 놀이
위-아래 이야기
지각대장 세형이 무언극
수영복-튜브-호루라기 즉흥극
『혹부리 할아버지』 주제극 놀이
『검둥이 삼보』 주제극 놀이
발소리 내기
멋지게 분장하기

5. 운동놀이

두 손, 두 발로 걷기
낙하산 놀이
비닐봉지 공 던지고 받기
다리 사이로 공치기
공 운반하기
신문지 공 돌리기
리본 로켓
오른쪽-왼쪽
장애물 통과하기
발씨름 놀이
신문지 막대기 돌리기
후프 굴리기
후프 들고 가위 바위 보
꼬리 따기

6. 물놀이

고무장갑 분수
분무기 그림
눈 위에 그림 그리기
빨래하기
몸에 그림 그리기
그릇 닦기
비는 화가예요
탁구공 건지기
물풍선 놀이
눈 던지기
물 페인트칠하기
얼음조각 물에 띄우기
거품내기
우유갑 분수놀이

7. 모래 놀이

조심조심 모래 가져오기
모래 동산 만들기
연못 만들기
모래 무게 달기
모래 음식 만들기
모래 위에 글자 쓰기
수로공사 놀이
작은 정원 꾸미기
쌀가게 놀이
우리 동네 꾸미기
터널 파기

8. 목공놀이

목공놀이 용품 탐색하기
모루작품 만들기
나무토막 자동차
비행기 만들기
리듬 막대 만들기
무지개색 사다리 만들기
거미줄 만들기
톱질하기
벽화 꾸미기
통나무집 만들기
배 만들기
주걱 악기 만들기

9. 전래놀이

앉은뱅이
우리 집에 왜 왔니?
딱지치기
구슬치기
윷놀이
대문놀이
수건돌리기
씨름
무궁화꽃이 피었습니다
여우야 여우야 뭐하니?
팔씨름
닭싸움
제기차기

10. 게임

촉감 카드게임
눈 가리고 콩 줍기
자석게임
종이 목걸이 모으기
함께 들어가기
여행 소품
깃발게임
성화 전달하기

강아지 집 만들기

1 쌓기 놀이

대 상 3세 유아

목 표
- 눈과 손의 협응력을 기른다.
- 입체 구성력을 기른다.
- 동물에 관심을 갖는다.

놀잇감 종이벽돌 블록, 우레탄 블록, 강아지 인형, 먹이 그릇, 깔개(작은 방석이나 타올), 강아지 집 사진

놀이방법
1. 강아지 인형을 보면서 이야기를 나눈다.
   – 강아지 인형을 봐~ 귀엽지?
   – 강아지 집을 만들어 줄까?
2. 강아지가 사는 집을 어떻게 만들지 생각해 본다.
   –강아지 집을 무엇으로 만들면 좋을까?
3. 블록으로 강아지 집을 짓는다.
   – 어떤 모양으로 만들까?
   – 지붕은 무엇으로 만들까?
   – 강아지가 들어가는 문은 어떻게 만들까?
4. 강아지 집 안에 깔개를 깔고 먹이 그릇을 놓은 후, 강아지 인형을 앉힌다.
   – 깔개와 먹이 그릇은 어디에 놓을까?
   – 강아지가 집에서 코~ 자고 있어요.

참 고 강아지 집 이외에 다른 동물의 집을 만들어 본다.

울타리 쌓기

1 쌓기 놀이

대 상 3, 4세 유아

목 표
- 눈과 손의 협응력을 기른다.
- 공간 개념이 발달한다.
- 협동하는 태도를 기른다.

놀잇감 종이벽돌 블록, 단위블록

놀이방법

1. 친구 주변에 울타리를 쌓아보자고 제안한다.
   - ㅇㅇ가 앉아 있는 주변에 울타리를 만들어보자.
   - 무엇으로 만들까?
2. 친구 1명을 바닥에 앉혀 놓고 친구 주변에 블록으로 울타리를 쌓는다. 2, 3명의 유아가 함께 쌓는다.
   - 블록을 어떻게 쌓아야 울타리가 만들어질까?
   - 얼마만큼 높게 쌓을까?
3. 친구 2명이나 3명을 앉혀 놓고 그 주변에 울타리를 쌓는다. 울타리의 크기를 비교해 본다.
   - 어느 울타리가 더 넓을까?
   - 왜 더 넓을까?

참 고
- 누워 있는 유아의 주변에 블록을 놓아 몸 전체의 윤곽을 표현한다.

쌍둥이 블록 쌓기

1 쌓기 놀이

대 상 3, 4세 유아

목 표
- 형태와 크기 및 공간 개념이 발달한다.
- 손과 눈의 협응력이 발달한다.
- 관찰력 및 주의력을 기른다.

놀잇감 다양한 형태와 크기의 단위블록, 우레탄 블록

놀이방법
1. 유아가 단위블록으로 쌓기를 하면 다른 유아가 똑같이 따라서 블록 쌓기를 한다.
   - 친구가 쌓는 블록과 똑같이 쌓아보자.
   - 이 블록을 어느 곳에 놓으면 똑같은 모양이 될까?
   - 그 다음은 어떻게 쌓아야 할까?
2. 쌓기가 끝난 후, 각자 쌓은 블록을 비교해 본다.
   - 블록 쌓은 것이 똑같은지 살펴보자.
   - 혹시 다른 점은 없니?
3. 유아들이 서로 역할을 바꾸어서 블록 쌓기를 해 본다.
   - 이번에는 어느 친구가 쌓은 블록을 따라서 쌓아볼까?

참 고 2명의 유아에게 블록 개수, 모양을 똑같이 나누어 주고 각각 블록을 쌓은 다음 어떻게 쌓았는지 서로 비교해 보도록 한다.

너 하나 쌓고 나 하나 쌓고

1 쌓기 놀이

대 상 3, 4세 유아

목 표
- 눈과 손의 협응력을 기른다.
- 친구와 협동하는 경험을 한다.
- 창의적인 구성능력을 기른다.

놀잇감 단위블록이나 종이벽돌 블록

놀이방법

1. 친구들과 함께 블록으로 탑 쌓는 방법을 생각해 본다.
   - 블록을 높게 쌓을 수 있을까?
   - 어떤 블록으로 쌓을까?
   - 친구들과 함께 쌓아보면 어떨까?
2. 유아들이 번갈아 가면서 블록을 올려놓아서 탑 쌓기를 한다.
   - 블록을 한 개 더 올려놓아 보자.
   - 이제 탑이 얼마나 높아졌니?
   - 탑이 쓰러지지 않게 하려면 블록을 어떻게 놓아야 할까?
3. 유아 3~4명씩 두 팀으로 나누어서 탑 쌓기를 해 본다.
   - 어느 팀이 더 높게 쌓았니?
   - 친구와 함께 쌓으니 기분이 어땠니?

친구와 바꾸어 쌓기

1 쌓기 놀이

대 상 4, 5세 유아

목 표
- 다양한 의사결정 경험을 해 본다.
- 눈과 손의 협응력이 발달한다.
- 문제 해결력 및 창의적인 구성능력을 기른다.

놀잇감 단위블록, 타이머

놀이방법
1. 2명의 유아가 단위블록을 가지고 쌓기 놀이를 시작한다. 3~5분 동안 쌓기를 한 후 타이머에서 소리가 나면 쌓기를 중단한다.
   - 각자 블록 쌓기를 한 다음에 친구와 바꾸어서 쌓기 놀이를 하면 어떨까?
2. 타이머에 시간 설정을 다시 하고 이번에는 친구가 쌓은 구조물에 쌓기를 한다.
   - 친구가 무엇을 만든 것 같으니?
   - 친구가 쌓은 블록에 어떤 것을 더 쌓을까?
3. 3~5분 후 쌓기가 끝나면 자기가 쌓은 구조물을 친구가 어떻게 변화시켰는지 살펴본다.
   - 네가 만든 것이 어떻게 달라졌니?

참 고
- 친구와 바꾸어서 쌓기 전에 카메라로 사진을 찍은 후 나중에 비교해 본다.
- 바꾸는 횟수, 쌓는 시간 등에 변화를 줄 수 있다.

모양 종이에 블록 쌓기

1 쌓기 놀이

대 상 4, 5세 유아

목 표
- 문제 해결력이 발달한다.
- 창의적 구성능력을 기른다.
- 소근육 운동능력이 발달한다.

놀잇감 단위블록, 다양한 형태와 크기의 모양 종이

놀이방법
1. 모양 종이와 블록을 살펴본다.
   - 종이가 무슨 모양이니?
   - 이 종이 위에 블록을 쌓을 수 있을까?
2. 모양 종이 위에 단위블록을 쌓는다.
   - 이 모퉁이를 채우려면 어떤 블록을 놓아야 할까?
3. 다 쌓은 후 친구 것과 비교해 본다.
   - ○○는 어떤 모양 종이 위에 쌓기를 했니?
   - 어떤 모양 종이에 블록 쌓기가 가장 어려웠니?
   - 블록이 몇 개 필요했니?

참 고
- 처음에는 단순한 형태의 모양 종이에 블록 쌓기를 하다가 점차 복잡한 모양 종이(예 반달 모양)를 사용한다.
- 단위블록 이외에 플라스틱 블록을 이용할 수도 있다.

자전거 길 만들기

1 쌓기 놀이

대 상 4, 5세 유아

목 표
- 대근육 운동능력을 기른다.
- 공간 개념이 발달한다.
- 창의적인 구성능력을 기른다.

놀잇감 속이 빈 블록, 자전거

놀이방법
1. 실외 놀이터에서 속이 빈 블록으로 자전거 길 만들기를 계획한다.
   - 자전거를 타고 달릴 수 있는 길을 만들어볼까?
   - 무엇으로 만들면 될까?
   - 자전거 길을 얼마나 길게 만들까?
2. 긴 네모, 경사로 등의 속이 빈 블록을 놓아서 편편한 길, 언덕 등을 만든다.
   - 올라가는 언덕길은 어떤 블록으로 만들까?
   - 길이 좁으면 자전거가 다닐 수 있을까?
   - 자전거 길을 넓게 만들려면 어떻게 해야 할까?
3. 자전거를 타고 길 위를 달려본다.
   - 자, 자전거가 따르릉 따르릉 달립니다.

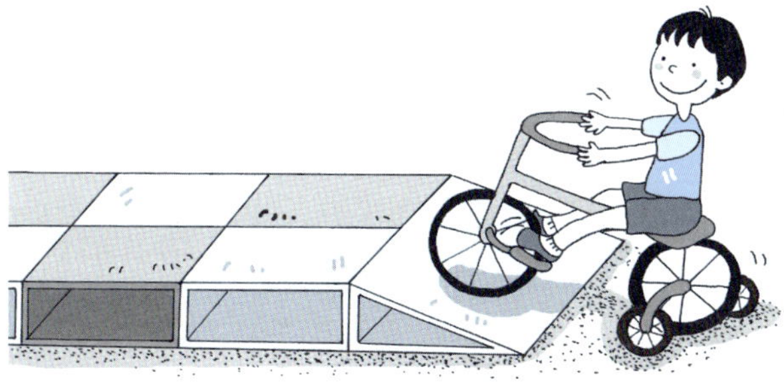

참 고 속이 빈 블록으로 집, 우주선, 자동차 등을 만들고 그 안에서 역할놀이를 할 수도 있다.

공룡 나라

1 쌓기 놀이

대 상 4, 5세 유아

목 표
- 창의성 및 상상력을 기른다.
- 입체 구성력이 발달한다.
- 다른 사람의 생각을 존중하며 협동하는 태도를 기른다.

놀잇감 단위블록, 종이벽돌 블록, 플라스틱 끼우기 블록, 커다란 종이, 공룡인형, 나무 모형과 풀, 찰흙이나 밀가루반죽, 이쑤시개, 아이스크림 막대기, 마분지, 공룡 그림이나 사진, 투명테이프

사전활동 공룡의 이름, 특징, 먹이, 사는 곳 등 공룡에 대해 이야기를 나눈다.

놀이방법
1. 3~4명의 유아가 한 팀이 되어서 공룡 나라를 어떻게 만들지 계획한다.
   - 공룡을 본 적이 있니?
   - 어떻게 생겼니?
   - 공룡은 어디에서 살까?
   - 공룡이 사는 나라는 어떻게 생겼을까?
   - 무엇으로 만들면 좋겠니?
2. 커다란 종이 위에 단위블록이나 종이벽돌 블록을 놓아서 공룡이 사는 나라를 만든다.
   - 공룡 나라를 얼마나 넓게 만들까?
   - 이 블록으로 산을 높게 쌓아볼까?
3. 공룡이 사는 숲 속을 모형 나무나 풀로 꾸민다. 마분지에 그림을 그려서 붙이거나 플라스틱 블록을 끼워서 만들 수도 있다.
   - 공룡이 사는 숲 속에는 무엇이 있을까?
   - 숲을 무엇으로 꾸밀까?

4. 공룡인형을 적절히 배치한다. 찰흙이나 밀가루반죽으로 공룡을 빚어서 놀이할 수도 있다.
   - 어떤 공룡을 만들어볼까?
   - 플라스틱 블록이나 찰흙으로 공룡을 만들어보자.
   - 이 공룡들에게 재미있는 이름을 붙여주면 어떨까?
   - 이 공룡 이름은 무얼까?
5. 다른 팀 친구들이 만든 공룡 나라와 비교해 본다.
   - ○○와 친구들이 만든 공룡 나라의 멋있는 점은 무엇이니?

참고

- 쌓기 놀이영역에 공룡에 관한 책을 제공하고 벽면에는 공룡 사진이나 그림을 붙여 놓는다.
- 각 팀이 만든 공룡 나라의 사진을 찍어 '공룡 나라 전시회'를 한다.

동물원 만들기

1 쌓기 놀이

대 상 4, 5세 유아

목 표
- 형태와 크기 지각능력이 발달한다.
- 친구와 협동하는 경험을 한다.
- 창의적 사고력 및 문제해결 능력을 기른다.

놀잇감 단위블록, 플라스틱 끼우기 블록, 동물인형

놀이방법
1. 유아와 동물 우리에 대해 이야기를 나눈다.
   - 동물의 집을 만들려면 어떻게 할까?
2. 동물원 만들기를 계획한다. 3~4명의 유아가 한 팀이 되어 동물의 종류, 우리의 형태, 사용할 블록에 대해 의논한다.
   - 어떤 동물의 집을 만들까?
   - 호랑이가 사는 집은 어떤 블록으로 만들까?
3. 여러 동물 집의 위치를 정하고 블록으로 우리를 만든다.
   - 새가 사는 우리는 어디에 만들까?
   - 물개가 헤엄칠 수 있도록 하려면 무엇을 만들어야 할까?
4. 동물인형을 놓고 나무, 풀, 연못 등을 꾸민다.

참 고 사람 모형이나 자동차 등의 소품을 준비해 주면 동물원 역할놀이로 확장할 수 있다

과자로 만든 집

1 쌓기 놀이

대 상 4, 5세 유아

목 표
- 창의적인 구성력을 기른다.
- 소근육 운동능력이 발달한다.
- 협동심을 기른다.

놀잇감 커다란 종이 상자, 종이벽돌 블록, 우레탄 블록, 과자포장 상자, 투명테이프

사전활동 『헨젤과 그레텔』 동화를 읽어주고 언어영역에 『헨젤과 그레텔』 동화책을 비치해 놓는다.

놀이방법

1. 유아와 함께 『헨젤과 그레텔』 동화에 나오는 과자로 만든 집에 대해 이야기를 나눈다.
   - 헨젤과 그레텔이 숲 속에서 찾은 과자로 만든 집은 어떻게 생겼니?
   - 과자로 집을 만들면 어떤 점이 좋을까?
   - 무엇으로 만들어볼까?
2. 커다란 종이 상자에 종이벽돌 블록과 우레탄 블록을 이용하여 집을 만든다.
   - 어떤 모양의 집을 만들까?
3. 과자포장 상자를 테이프로 붙여서 집을 꾸민다.
   - ○○야, 과자 상자를 붙여서 집을 꾸며보자.
   - 어떤 과자 상자를 붙일까?

참 고
- 과자로 만든 집을 이용하여 『헨젤과 그레텔』 주제극 놀이를 해 본다.

번쩍이는 빌딩 짓기

1 쌓기 놀이

대 상 4, 5세 유아

목 표
- 눈과 손의 협응력을 기른다.
- 빛과 그림자의 관계를 이해한다.
- 창의적 구성력을 기른다.

놀잇감 단위블록, 은박지, 손전등

놀이방법

1. 단위블록과 은박지를 탐색한다.
   - 이것을 본 적이 있니? 어디서 보았니?
   - 손으로 만져보자, 느낌이 어떠니?
2. 단위블록을 은박지로 싼다.
   - 블록을 은박지로 싸니까 어떤 느낌이 드니?
3. 은박지로 빌딩을 짓는다.
   - 어떤 건물을 지을까?
4. 커튼을 쳐서 실내를 어둡게 하고 손전등으로 건물을 비추어 본다.
   - 빛을 비추니까 건물이 어떻게 보이니?
   - 어떤 그림자가 생겼니?

참 고 손전등에 여러 색깔의 셀로판지를 붙여서 색깔 불빛을 비춘다. 또 색 손전등으로 다른 빛을 혼합해 봄으로써 색의 변화를 경험할 수 있다.

그림 카드처럼 쌓기

1 쌓기 놀이

대 상 4, 5세 유아

목 표
- 글자에 관심을 가진다.
- 형태 및 공간 개념을 기른다.
- 창의적 사고능력과 문제해결력이 발달한다.

놀잇감 단위블록, 그림 카드

블록 13개로 꾸미기

오늘은 13일입니다.
블록 13개로 만들어 보세요.

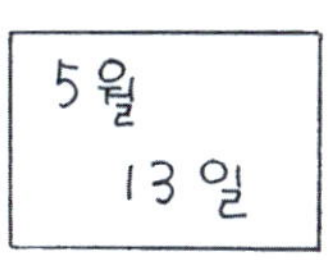

동물 집 만들기

사자 한 마리를 잡았어요.
사자 집을 만들어 주세요.

성 쌓기

그림과 같은 성을 쌓아요.

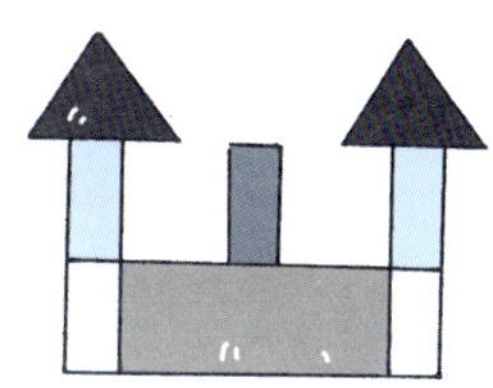

놀이방법

1. 그림 카드를 뒤집어 놓아서 그림이 보이지 않도록 한다.
   - 와, 궁금하다! 어떤 그림이 있을까?
2. 카드를 1개 집어서 그림을 확인한다.
   - 어떤 그림이니?
   - 뭐라고 씌어 있니?
3. 그림 카드의 내용에 따라 블록으로 쌓는다.
   - 어떤 모양의 블록이 필요하니?
   - 어떻게 만들면 좋을까?

참 고 어린 유아의 경우, 그림 카드의 내용을 단순하게 제작한다.

도미노 놀이

1 쌓기 놀이

대 상 5세 유아

목 표
- 소근육 운동능력을 기른다.
- 문제해결 능력을 기른다.
- 놀이의 즐거움을 경험한다.

놀잇감 단위블록, 마스킹 테이프

놀이방법
1. 블록을 한 줄로 늘어놓고 잇따라 넘어뜨리는 도미노 놀이를 하자고 제안한다.
   – 도미노 놀이를 해 본 적이 있니?
   – 도미노 놀이를 하려면 무엇을 만들어야 할까?
2. 블록 여러 개를 한 줄로 늘어놓는다.
   – 도미노 놀이를 하려면 블록을 어떻게 늘어놓아야 하니?
3. 블록 간격을 좁게 하거나 넓게 하여 넘어뜨리고 결과를 비교해 본다.
   – 왜 블록이 잇따라 쓰러지지 않을까?
   – 블록 간격을 좁혀 볼까?
4. 마스킹 테이프를 바닥에 부치고 그 위에 블록을 촘촘히 늘어놓는다.
   – 블록을 얼마나 길게 늘어놓을까?
5. 맨 앞의 블록을 넘어뜨리면 나머지 블록이 잇따라 쓰러진다.
   – 와, 블록이 스르르 넘어지네.

신나는 놀이터 만들기

1 쌓기 놀이

대 상 5세 유아

목 표
- 구성능력을 기른다.
- 협동심을 기른다.
- 자신의 생각을 창의적으로 표현한다.

놀잇감 종이, 사인펜, 단위블록, 나무모형, 은박지, 작은 상자, 수수깡, 이쑤시개, 가위, 투명테이프

사전활동 동네 놀이터를 견학하여 놀이 기구와 시설물의 사진을 찍어온다.

놀이방법

1. 3~4명의 유아들과 함께 신나는 놀이터를 어떻게 만들지 계획한다.
   - 어떤 놀이터에서 놀고 싶으니?
   - 놀이 기구 이외에 또 어떤 것이 있으면 편리할까?
2. 유아들이 원하는 놀이 기구와 시설물의 목록을 만든다.
   - 어떤 놀이 기구가 있으면 좋겠니? 이 종이에 써보자.
3. 그림을 그려서 신나는 놀이터를 설계한다.
   - 그네는 어디에 있으면 좋겠니?
4. 역할을 분담하여 놀이 기구와 시설물을 만든다. 블록 이외에 은박지, 상자 등 다양한 재료를 이용한다.
   - 시소는 어떻게 만들까?
   - 누가 미끄럼틀을 만들거니?
5. 유아들이 만든 놀이 기구를 배치하고 모형나무나 벤치 등을 놓는다.

피라미드 쌓기

1 쌓기 놀이

대 상 5세 유아

목 표
- 행동의 민첩성을 기른다.
- 집중력을 기른다.
- 협동하는 태도를 기른다.

놀잇감 신문지 공(20~30개), 피라미드 사진

놀이방법
1. 2~3명의 유아와 피라미드 사진을 보면서 이야기를 나눈다.
   – 무슨 사진일까?
   – 어떤 모양이니?
2. 신문지 공으로 피라미드 쌓기를 제안한다.
   – 신문지 공으로 피라미드 모양을 쌓을 수 있을까?
   – 어떻게 쌓을까?
3. 유아들이 함께 의논하면서 쌓기를 한다.
   – 제일 아래에는 신문지 공을 어떻게 쌓을까?
   – 위로 올라갈수록 어떻게 쌓을까?
   – 신문지 공이 굴러 떨어지지 않게 하려면 어떻게 쌓아야 하니?

참 고 두 팀으로 나누어 피라미드를 빨리 쌓는 게임을 할 수 있다.

양말 파티

2 조작놀이

대 상 3세 유아

목 표
- 분류 개념이 발달한다.
- 소근육 운동능력이 발달한다.
- 문제해결 능력을 기른다.

놀잇감 다양한 재질과 무늬의 유아용 양말

놀이방법
1. 유아들을 양말 파티에 초청한다.
   - 와, 양말이 많이 있네.
   - ○○야, 오늘 여기 있는 양말을 신어보는 놀이를 할 거야.
2. 많은 양말 가운데서 마음에 드는 양말을 찾아서 신게 한다.
   - 어떤 색깔의 양말들이 있니?
   - 어떤 양말이 마음에 드니?
   - 이것과 같은 짝은 어느 것이니?
3. 계절이나 용도에 맞는 양말을 찾아 신는 놀이를 한다.
   - 추운 겨울에 신는 양말을 찾아보세요
   - 한복을 입을 때는 어떤 것을 신을까?

참 고 양말 이외에 장갑이나 신발의 짝 찾는 놀이를 할 수 있다.

나는 누구일까요?

2 조작놀이

대 상 3, 4세 유아

목 표
- 부분을 보고 전체를 알아맞히는 능력을 기른다.
- 동물의 생김새를 안다.
- 호기심을 가지고 탐색한다.

놀잇감 수수께끼 그림판

수수께끼 그림판 만들기

준비물 : 동물 그림이나 사진, 마분지, 칼, 투명테이프

만드는 법 : 동물 그림이나 사진 위에 마분지 1장을 붙여서 겉장을 만든다. 동물 그림의 일부분을 열어볼 수 있도록 마분지에 작은 창문을 3~5개 정도 만들고 일련번호를 붙인다.

놀이방법 1. 수수께끼 그림판을 살펴본다.

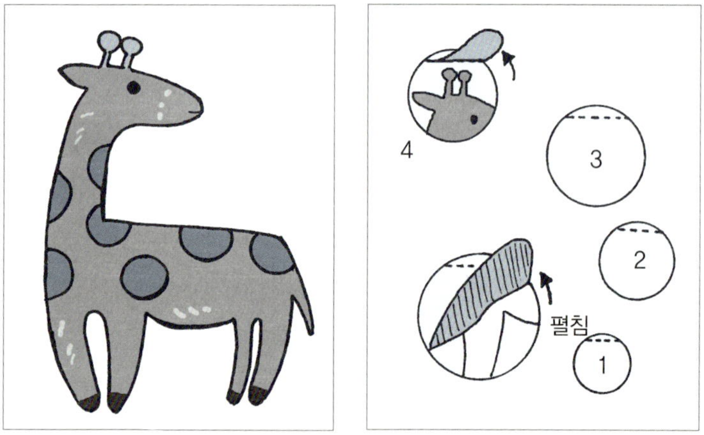

- 이 그림판으로 어떤 놀이를 할 수 있을까?
- 왜 그림판에 동그란 창문이 있을까?
- 나는 누구일까? 맞혀보세요.
- ○○야, 어떤 순서로 창문을 열어볼까?

2. 그림판의 1번 창문을 열어보고 어떤 동물인지 추측해 본다.
   - 무엇이 보이니?
   - 어떤 동물일까?
   - 왜 그 동물이라고 생각하니?
3. 유아가 동물을 알아맞히지 못하면 창문을 2, 3번 순서로 계속 열어 보면서 그림의 주인공을 알아맞힌다.
   - 다음에는 몇 번 창문을 열어볼까?
   - 이제 어떤 동물인지 알 수 있겠니?
   - 몇 번 창문까지 열어보고 알 수 있었니?
4. 마지막 번호까지 다 열어본 후, 겉장을 들춰서 확인한다.
   - 겉장을 들춰보자. 자, 어떤 동물이니?
   - 네가 생각한 동물이 맞니?

참 고

- 창문 번호는 알아맞히기 어려운 부분에서 쉬운 부분의 순서로 붙인다.
- 창문의 형태, 크기도 다양하게 한다.
- 동물 이외에 교통기관 알아맞히는 놀이로 변형할 수 있다.
- 2~3명의 유아가 빨리 알아맞히는 게임을 할 수 있다.
- 동물 그림을 봉투에 넣고 조금씩 꺼내 보면서 알아맞히는 놀이를 할 수 있다.

바구니 직조

2 조작놀이

대 상 3, 4세 유아

목 표
- 다양한 자료를 창의적으로 활용하는 능력을 기른다.
- 성취감을 느낀다.
- 눈과 손의 협응력을 기른다.

놀잇감 플라스틱 바구니(틈새의 간격이 1㎝ 이상), 리본, 끈, 모루

놀이방법
1. 플라스틱 바구니를 꾸미는 방법에 대해 이야기를 나눈다.
   - 무엇에 사용하는 물건이니?
   - 어떻게 하면 바구니를 예쁘게 꾸밀 수 있을까?
2. 플라스틱 바구니의 틈새에 리본이나 모루를 끼우면서 직조한다.
   - 리본을 바구니 구멍에 끼워보자
   - 어느 구멍에 리본을 끼울까?
   - 이번에는 어디로 넣어볼까?
   - 어떤 모양이 되었니?
3. 친구들이 꾸민 바구니와 비교해 본다.
   - ○○야, 네 바구니와 친구 바구니가 어떻게 다르니?

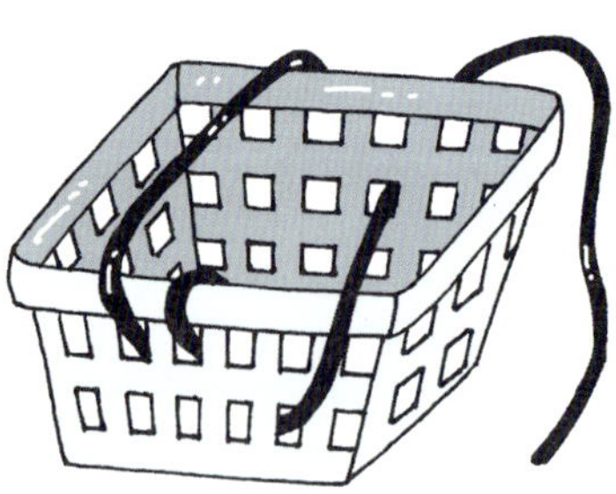

참 고
- 리본이나 끈의 끝부분에 투명테이프를 붙이면 바구니의 틈새로 넣고 빼기 쉽다.
- 리본이나 끈의 색상, 길이 등을 다양하게 제공한다.

글자기차 놀이

2 조작놀이

대 상 3, 4세 유아

목 표
- 글자의 형태를 익힌다.
- 소근육 운동능력이 발달한다.
- 분류하는 능력을 기른다.

놀잇감 글자기차, 잡지, 가위

글자기차 만들기

준비물 : 상자(예 구두 상자) 6~7개, 끈, 크레파스

만드는 법 : 상자 6~7개의 겉면에 가, 나… 글자를 쓰고 바퀴 그림을 붙인다. 상자를 끈으로 연결하여 기차를 만든다.

놀이방법

1. 기차의 각 칸에 쓰인 글자로 시작되는 물건을 잡지책에서 찾아 가위로 오린다.
   - 글자기차에 짐을 실어보자.
   - 이 칸에는 무슨 글자가 쓰여 있니?
   - '다'로 시작되는 물건을 잡지에서 찾아볼까?
   - (다리미 사진을 가리키며) 이건 무슨 글자로 시작될까?
2. 잡지책에서 오린 그림을 글자기차의 적절한 칸에 넣는다.
   - 이 나무 그림은 기차의 어느 칸에 실어야 할까?

참 고 오린 그림을 종이에 붙여서 그림 카드를 만들어 사용할 수 있다.

구멍 뚫린 카드 꾸미기

2 조작놀이

대 상 3, 4세 유아

목 표
- 성취감을 느낀다.
- 눈과 손의 협응력을 기른다.
- 창의적인 사고력이 발달한다.

놀잇감 두꺼운 마분지, 리본, 운동화 끈, 끈에 끼울 수 있는 구슬이나 모양 종이, 마카로니, 펀처

놀이방법
1. 유아들에게 펀처를 소개하고 사용법을 알아본다.
   - 이 도구의 이름은 무엇이니?
   - 어떻게 사용할까?
2. 펀처를 이용하여 두꺼운 마분지 여러 곳에 구멍을 뚫는다.
   - 어디에 구멍을 뚫으면 좋을까?
3. 리본이나 끈을 이용해 구멍의 안과 밖을 통과하며 꿰어본다. 이때 모양 종이나 마카로니, 구슬 등을 함께 끼운다.
   - 끈을 구멍에 어떻게 끼울까?
   - 무엇을 함께 끼워볼까?

4. 유아들이 꾸민 카드를 전시하여 서로 감상하게 한다.
   - ○○는 예쁜 색깔의 모양 종이를 끈과 함께 꿰었구나.

참 고 끈이 구멍에 잘 들어가도록 끝을 투명테이프로 감아주며 끼운 끈이 빠지지 않도록 한쪽 끝에 매듭을 지어준다.

리본 묶기

2 조작놀이

대 상 4세 유아

목 표
- 소근육 운동능력이 발달한다.
- 다양한 촉감을 경험한다.
- 새로운 놀이에 호기심을 가지고 참여한다.

놀잇감 리본 묶기 판, 다양한 재질과 색상의 끈이나 천 조각

리본 묶기 판 만들기

준비물 : 나무판, 접착식 걸쇠
만드는 법 : 나무판이나 교구장 뒷면에 접착제로 붙이는 걸쇠를 일렬로 붙이고 다양한 끈이나 천 조각을 매어 놓는다.

놀이방법

1. 걸쇠에 매어 있는 끈이나 천 조각을 살펴본다.
   - 무엇이 걸려 있니?
   - 끈을 만지니까 어떤 느낌이 드니?
   - 무슨 색깔이니?
2. 끈이나 천 조각을 여러 가지 방법으로 묶는다.
   - 매듭을 지어보자.
   - 리본 모양으로 묶으려면 어떻게 할까?
   - ㅇㅇ가 묶은 리본은 나비처럼 예쁘네.
3. 매듭이나 리본을 풀어본다.
   - 묶었던 매듭을 풀어볼까?

참 고 끈이나 천 조각 이외에 스카프, 리본테이프 등을 매어준다.

광대 꾸미기 놀이

2 조작놀이

대 상 4, 5세 유아

목 표
- 지시에 따르는 능력을 기른다.
- 오른쪽, 왼쪽의 개념을 이해한다.
- 글자 읽기에 관심을 가진다.

놀잇감 광대 그림판, 꾸미기 그림 자료(장화, 우산, 풍선, 꽃 등), 지시 카드

광대의 왼쪽 발에 장화를 신겨 주세요.

광대의 오른손에 우산을 들려 주세요.

놀이방법

1. 광대 그림판과 꾸미기 자료를 살펴본다.
   - 무슨 그림이 있니?
   - 이 우산 그림으로 광대를 꾸밀 수 있을까?
2. 지시 카드를 하나 선택하여 유아와 함께 읽는다.
   - 카드에 무엇이라 쓰여 있니?
   - 선생님이 읽어 줄게.
3. 지시에 따라 광대를 꾸민다.
   - 어떻게 하면 될까?
   - 와, 우산을 들고 있는 광대, 재미있네.

참 고 융판이나 자석판을 활용할 수도 있다.

똑같은 카드 찾기

2 조작놀이

대 상 4, 5세 유아

목 표
- 시각적 기억력이 발달한다.
- 형태 인식력을 기른다.
- 집중력이 발달한다.

놀잇감 게임 카드

게임 카드 만들기

준비물 : 마분지(7×10㎝) 12장, 크레파스
만드는 법 : 마분지 앞면에는 1~12까지의 숫자를 쓰고, 뒷면에는 똑같은 꽃 그림을 2장씩 6세트 그린다.

놀이방법

1. 카드 12장을 숫자가 보이도록 늘어놓는다.
   - 카드에 어떤 숫자가 쓰여 있니?
   - 카드 앞면에는 무엇이 있는지 볼까?
   - 어떤 놀이를 할 수 있을까?
2. 카드를 한 장씩 뒤집어서 똑같은 형태의 꽃 그림 카드를 2장 찾아낸다.
   - 어떤 꽃 그림이 나왔니?
   - 이 꽃 그림과 똑같은 걸 찾아보자.
   - 어, 아니네. 다른 꽃 그림이네.
   - 잘못 찾은 카드는 제자리에 다시 뒤집어 놓자.
3. 꽃 그림 카드를 제일 많이 찾은 유아가 이긴다.
   - 누가 제일 많이 찾았니?

참 고 카드 뒷면에 꽃 그림 이외에 자음, 모음 등의 글자를 쓸 수도 있다.

모루 숫자 만들기

2 조작놀이

대 상 4, 5세 유아

목 표
- 다양한 촉감을 경험한다.
- 숫자의 형태를 익힌다.
- 자신의 능력에 자신감을 갖는다.

놀잇감 모루, 색 마분지, 숫자 카드

놀이방법
1. 모루로 무엇을 만들 수 있을지 생각해 본다.
   - 모루를 구부려서 무엇을 만들어볼까?
   - 숫자를 만들 수 있을까?
   - 이렇게 동그랗게 구부리면 무슨 숫자가 되니?
2. 숫자 카드를 보면서 모루를 구부려서 1, 2 숫자 모양을 만든다.
   - 숫자 카드를 보면서 만들어보자.
   - 카드에 무슨 숫자가 쓰여 있니?
3. 유아가 만든 모루 숫자를 색 마분지 위에 놓는다.
   - '2' 다음에는 어떤 숫자를 놓을까?

참 고
- 숫자 이외에 글자 모양을 만들 수 있다.
- 유아들이 익숙해지면 숫자 카드를 보지 않고 직접 만들 수 있다.

포크-스푼-나이프

2 조작놀이

대 상 4, 5세 유아

목 표
- 다양한 식기의 기능에 대해 안다.
- 순서 개념을 이해한다.
- 다른 문화에 관심을 갖는다.

놀잇감 서양 식기(포크, 스푼, 나이프) 여러 개, 그림 카드

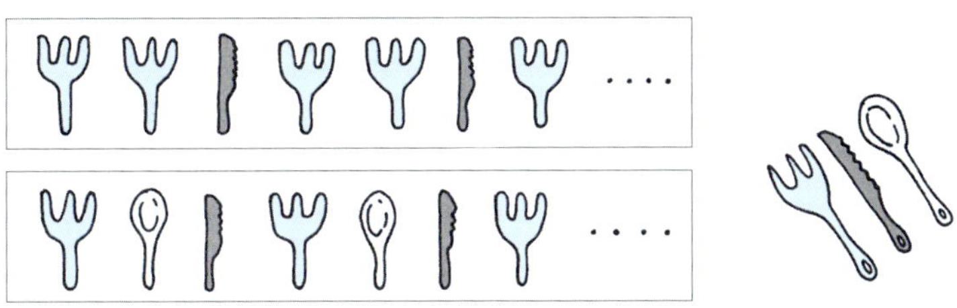

놀이방법

1. 포크, 스푼, 나이프 등 서양 식기를 살펴본다. 우리가 사용하는 숟가락, 젓가락과의 차이점, 공통점을 이야기한다.
   - 이것의 이름은 무얼까?
   - 포크, 스푼, 나이프를 사용해 본 적이 있니?
   - 무엇을 먹을 때 사용하니?
   - 숟가락, 젓가락과 어떤 점이 다르니?
2. 그림 카드를 보면서 포크, 스푼, 나이프를 놓아본다.
   - 무엇을 맨 처음 놓아야 할까?
   - 그 다음에는 무엇을 놓아야 하니?
   - 이 마지막 그림 다음에는 무엇을 놓을 차례일까?

참 고 놀이에 익숙해지면 그림 카드를 복잡한 순서로 배열해서 만든다.

젓가락으로 상자 쌓기

2 조작놀이

대 상 5세 유아

목 표
- 눈과 손의 협응력을 기른다.
- 인내심을 기른다.
- 수 개념이 발달한다.

놀잇감 작은 상자 10~12개, 나무젓가락 2벌

놀이방법
1. 작은 상자와 젓가락을 살펴본다.
   - 젓가락은 언제 사용하니?
   - 젓가락으로 무얼 집어볼까?
2. 유아에게 상자 5~6개와 나무젓가락 1벌씩을 나누어 준다.
   - 오늘은 젓가락으로 상자 쌓기를 해 보자.
3. 나무젓가락으로 상자를 집어서 쌓는다.
   - 나무젓가락으로 상자를 집으려면 어떻게 해야 하니?
   - ○○는 양손에 나무젓가락을 1개씩 쥐고 상자를 들어 올리는구나.
   - 상자를 쓰러지지 않게 쌓으려면 어떻게 해야 할까?
4. 상자를 높게 쌓는 놀이를 한다.
   - 누가 먼저 높이 쌓았니?
   - 상자를 몇 개 쌓았는지 세어볼까?

참 고
- 상자를 색종이로 싸서 사용하거나 작은 캐러멜 상자를 이용할 수 있다.
- 릴레이 게임식으로 2~3명의 유아가 순서에 따라 상자를 1개씩 쌓아 볼 수 있다.

동물병원 놀이

3 역할놀이

대 상 3, 4세 유아

목 표
- 동물을 사랑하는 마음을 갖는다.
- 동물병원에서 하는 일에 대해 안다.
- 상상력이 발달한다.

놀잇감 다양한 동물인형, 의료용품(붕대, 반창고, 면봉, 빈 약병, 청진기, 의사 가운, 압설자, 주사기, 체온계), 진료침대, 전화기

놀이방법
1. 놀잇감을 보면서 어떤 놀이를 할 수 있는지 생각한다.
   - 이것을 본 적이 있니?
   - 어떻게 사용하는 걸까?
   - 어떤 놀이를 할 수 있을까?
   - 동물병원에 가본 적이 있니?
2. 동물병원 놀이를 준비한다.
   - 병원을 어디에 만들까?
   - 동물병원 놀이를 하려면 무엇이 필요하니?
   - 병원 이름을 무엇이라고 할까?
3. 역할을 정해서 동물병원 놀이를 한다.
   - 병원에는 어떤 사람들이 있니?
   - 누가 동물병원의 의사 역할을 할까?

참 고 블록으로 진료침대를 만들거나 동물 입원실을 만들어 놀이에 활용한다.

세차장 놀이

3 역할놀이

대 상 3, 4세 유아

목 표
- 상상력을 기른다.
- 놀이를 통해 사회적 역할을 이해한다.
- 물의 성질을 이해한다.

놀잇감 고무 호스, 자전거나 자동차, 수세미나 솔, 마른 걸레

놀이방법
1. 실외에서 더러워진 자동차나 자전거를 보며 세차에 관해 이야기를 나눈다.
   - 자동차를 닦으려면 어떻게 할까?
   - 세차장에 가본 적이 있니?
   - 세차장은 무엇을 하는 곳이니?
2. 세차장 놀이를 계획한다.
   - 세차장을 어디에 꾸밀까?
   - 자동차를 세차하려면 무엇이 필요하니?
3. 세차장을 꾸미고 역할을 분담한다.
   - 무슨 세차장이라고 할까?
   - 누가 세차하는 사람을 맡겠니?
4. 세차장 놀이를 한다.
   - 자, 자동차가 들어오고 있어요, 세차 준비~

참 고
- 세차장 놀이를 위해 물로 닦는 사람, 솔로 문지르는 사람, 마른 걸레질을 하는 사람, 주인, 손님 등 역할을 분담할 수 있다.
- 주유소 놀이와 함께 할 수 있다.

음료수 가게놀이

3 역할놀이

대 상 4, 5세 유아

목 표
- 색의 혼합을 실험하고 관찰한다.
- 서로 협동하는 기회를 통하여 사회 적응력이 발달한다.
- 계획하고 실행하는 경험을 한다.

놀잇감 여러 형태의 병, 종이컵, 주전자, 식용 색소, 계산기, 종이돈, 지갑, 전화기, 블록, 자전거

놀이방법

1. 음료수 가게놀이를 계획한다.
   - 어떤 종류의 음료수를 팔까?
   - 음료수를 어떻게 만들까?
2. 음료수 가게를 꾸민다.
   - 여러 종류의 음료수가 있다는 것을 손님에게 어떻게 알려줄까?
   - 가게 이름은 뭐라고 할까?
3. 음료수를 팔거나 배달도 해 준다.
   - 주문하신 음료수 여기 있습니다.
   - 오렌지 주스 얼마예요?
   - 손님, 어디로 배달해 드릴까요?

참 고
- 깔때기와 계량컵을 준비하여 여러 형태의 병에 물 따르기를 한다.
- 아이스크림 가게놀이와 함께 할 수 있다.
- 가게 이름, 메뉴판 등을 유아들과 함께 만든다.

결혼식 놀이

3 역할놀이

대 상 4, 5세 유아

목 표
- 창의적 표현력을 기른다.
- 관심 있는 주제를 놀이로 표현한다.
- 계획하고 실천하는 능력이 발달한다.

놀잇감 면사포, 신부 드레스, 부케, 양복, 구두, 나비 넥타이, 한복, 족두리, 고무신, 병풍, 탁자, 초와 촛대, 마이크, 카세트와 테이프, 모조 음식(케이크, 떡, 음료), 사진기, 전통혼례와 서양식 결혼식 사진

사전활동 『쥐의 결혼식』 동화를 들려준다.

놀이방법
1. 결혼식 사진과 면사포, 족두리 등을 보면서 결혼식 놀이를 제안한다.
   - 결혼식 사진이네.
   - 어떤 옷을 입고 있니?
   - 이런 것을 본적이 있니? 무엇을 할 때 사용할까?
2. 결혼식 놀이를 계획한다. 필요한 준비물에 대해 계획한다.
   - 옛날 결혼식과 요즘에 하는 결혼식 중에 어떤 결혼식으로 할까?
   - 옛날 결혼식으로 하려면 무엇이 필요할까?
   - 결혼식장은 어떻게 꾸밀까?
3. 역할을 정하여 분장하고 결혼식장을 꾸민다.
   - 주례는 누가 할까?
   - 신부는 어떻게 꾸밀까?
   - 결혼 잔치음식은 어느 곳에 마련할까?
4. 결혼식 놀이를 한다.

참 고 결혼식 놀이 장면을 사진으로 찍어 전시해 준다.

여행가기

3 역할놀이

대 상 4, 5세 유아

목 표
- 교통기관에 관심을 갖고 기능을 이해한다.
- 사회 구성원의 역할을 이해한다.
- 협동하는 경험을 한다.

놀잇감 배낭, 여행가방, 모자, 헌 카메라, 종이돈과 지갑, 큰 상자, 속이 빈 블록, 기관사(조종사, 선장) 모자, 기차표나 항공권, 작은 텐트

놀이방법
1. 유아와 함께 여행경험에 대해 이야기한다.
   - 어디로 여행을 다녀왔니?
   - 무엇을 타고 갔었니?
   - 무엇을 보았니?
2. 여행 갈 계획을 세운다. 여행의 목적지, 함께 갈 사람, 타고 갈 교통기관, 준비물 등을 의논한다.
   - 누구와 함께 어디로 여행을 갈까?
   - 바다가로 놀러 가 볼까?
   - 무엇을 타고 갈까?
   - ○○야, 뭘 준비해 가지고 갈까?
3. 역할을 정하고 여행할 때 타고 갈 교통기관과 여행 장소를 꾸민다.
   - 기관사는 누가 할까?
   - 기차는 무엇으로 만들까?
   - 텐트는 어디에 설치할까?
4. 여행 갈 준비를 하고 여행을 떠난다.

참 고 배낭, 여행가방 등 필요한 놀잇감은 각 가정에서 사용하지 않는 것을 수집해서 제공한다.

신나는 퍼레이드

3 역할놀이

대 상 4, 5세 유아

목 표
- 친구와 협동하는 태도를 기른다.
- 신체운동 능력을 기른다.
- 창의적 표현력을 기른다.

놀잇감 자전거, 수레, 리본, 종이, 풍선, 다양한 악기, 퍼레이드용 옷과 모자, 깃발, 행진곡 테이프, 카세트

놀이방법
1. 퍼레이드에 관해 이야기를 나눈다.
   - 퍼레이드 하는 것을 본 적이 있니?
   - 어디서 보았니?
   - 무엇이 멋있었니?
   - 우리도 퍼레이드 놀이를 해 볼까?
2. 리본이나 종이, 풍선 등을 이용하여 자전거와 수레를 꾸민다.
   - 자전거를 어떻게 꾸미면 멋있을까?
   - 백설공주가 탈 수레는 어떻게 장식할까?
   - 풍선을 어디에 달까?
3. 등장인물과 악기를 연주할 유아들은 퍼레이드용 옷과 모자로 단장한다.
   - ㅇㅇ가 모자를 쓰니 멋있구나!
4. 실외 놀이터 주변을 돌면서 행진한다.

참 고 명절이나 기념일에 행진하거나 특정 주제에 맞게 가장행렬을 할 수 있다.

이삿짐센터 놀이

3 역할놀이

대 상 4, 5세 유아

목 표
- 다양한 직업에 대해 이해한다.
- 대근육 운동능력이 발달한다.
- 정리하는 태도를 기른다.

놀잇감 커다란 바구니, 수레, 끌차, 보자기, 상자, 끈

놀이방법
1. 이사해 본 경험에 대해 이야기한다.
   - 이사해 본 적이 있니?
   - 이사를 어떻게 했니?
   - 누가 도와주었니?
2. 이삿짐센터 놀이를 계획한다.
   - 어디에서 어디로 이사를 할까?
   - 이삿짐을 어떻게 운반할까?
   - 누가 이삿짐 운반하는 사람을 하겠니?
3. 역할이 정해지면 이삿짐센터 놀이를 한다.
   - 이삿짐을 보자기에 싸거나 상자에 담아보자.
   - 조심 조심~ 이 짐은 깨지기 쉬워요.
4. 이사 후 이삿짐을 풀어 정리한다.
   - 그릇은 어디에 놓을까?
   - 인형방은 어디로 할까?
   - 깨끗하게 정리하니 기분이 어떠니?

참 고 유아들과 함께 이사할 위치를 정하고 원하는 위치로 이사를 한다.

장난감박물관 놀이

3 역할놀이

대 상 4, 5세 유아

목 표
- 박물관에 관심을 갖는다.
- 친구와 협력하는 경험을 한다.
- 상상력이 발달한다.

놀잇감 여러 가지 장난감, 블록, 종이, 사인펜, 색연필

사전활동 박물관 견학을 다녀온다.

놀이방법

1. 장난감박물관 놀이에 필요한 것을 의논한다.
   - 장난감박물관 놀이를 해 보자.
   - 어떤 장난감을 전시할까?
   - 장난감은 어떻게 모을까?
   - 우리가 박물관에 들어가려면 무엇이 필요할까?
   - 입장권은 어떻게 만들까?
2. 장난감박물관을 꾸민다.
   - 장난감을 어떻게 전시할까?
   - 박물관 안내표지판은 어디에 붙일까?
   - 표 파는 곳은 어디에 꾸밀까?
3. 박물관 놀이에 필요한 역할을 정한다.
   - 안내하는 사람은 누가 할래?
   - 또 어떤 역할을 하는 사람이 있어야 할까?
4. 각자 맡은 역할에 따라 박물관 놀이를 시작한다.
   - 안내하는 사람은 어디에 있어야 할까?

참 고
- 유아들과 컴퓨터로 입장권을 만들어 인쇄하여 사용한다.
- 유아들이 폐품으로 만든 장난감도 함께 전시할 수 있다.

중국음식점 놀이

3 역할놀이

대 상 4, 5세 유아

목 표
- 다른 나라의 음식에 대해 관심을 갖는다.
- 소근육 운동능력이 발달한다.
- 놀이를 통해 다양한 역할을 경험한다.

놀잇감 음식점 간판, 밀가루반죽, 플라스틱 칼, 그릇, 나무젓가락, 음식 배달통, 전화기, 금전등록기, 종이 돈, 메뉴판

놀이방법

1. 놀잇감을 살펴보면서 중국 음식점 놀이를 제안한다.
   - 중국음식 가운데 제일 좋아하는 음식이 무엇이니?
   - 중국음식을 파는 가게놀이를 해 볼까?
2. 적당한 장소에 중국음식점을 차리고 소품을 준비한다.
   - 어디에 음식점을 꾸밀까?
   - 음식을 만드는 주방은 어디로 할까?
   - 음식점 이름을 무엇이라고 할까?
   - 자장면은 무엇으로 만들면 좋을까?
3. 역할을 정하여 놀이한다.
   - 누가 음식 만드는 사람을 할까?
   - 음식을 주문받는 사람과 계산하는 사람은 누가 할래?
   - 전화로 음식을 주문하면 누가 배달을 하지?
4. 역할을 바꾸어 놀이한다.

참 고
- 자장면 이외에 중국 음식점에서 파는 다양한 음식을 메뉴로 하여 놀이한다.
- 각 나라의 독특한 음식문화에 대해 이야기를 나눈다.

슈퍼마켓 놀이

3 역할놀이

대 상 4, 5세

목 표
- 물건을 계획해서 구입하는 것은 안다.
- 일상경험을 가상하여 표현한다.
- 여러 직업에 관심을 갖는다.

놀잇감 여러 상품 모형, 계산기, 미니 손수레, 놀이용 돈, 신용카드 모형, 가격표, 영수증, 시장바구니

사전활동 슈퍼마켓을 견학하며, 유아들이 관심을 보이는 장면을 사진 찍어온다.

놀이방법

1. 슈퍼마켓 사진을 보면서 이야기를 나눈다.
   - 슈퍼마켓에서 무얼 보았니?
   - 어떤 물건을 팔고 있었니?
   - 어떤 일을 하는 사람들이 있었지?
2. 슈퍼마켓 놀이를 제안한다.
   - 우리 교실을 슈퍼마켓으로 꾸며볼까?
   - 과일 파는 곳은 어떻게 꾸밀까?
3. 놀이에 필요한 역할을 정하고 소품을 준비한다.
   - 슈퍼마켓에서 방송을 하는 사람은 누가 할까?
   - 배달하는 사람에게는 무엇이 필요할까?
4. 슈퍼마켓에서 물건을 사고파는 놀이를 한다.
   - ○○야, 어떤 물건을 사러 왔니?
   - 직원은 손님이 들어올 때 어떻게 해야 할까?
   - 방송하는 사람은 어떤 말로 물건을 광고할까?

참 고
- 찰흙으로 과일, 생선 등을 빚어 만들어 상품으로 활용한다.
- 물건을 광고하는 전단지를 만들어 사용한다.

운동경기 중계

3 역할놀이

대 상 4, 5세 유아

목 표
- 정확한 발음으로 말하는 능력을 기른다.
- 상상력이 발달한다.
- 다양한 운동경기에 관심을 갖는다.

놀잇감 운동 사진(수영, 야구, 축구, 육상 등), 마이크, 카메라, 녹음기

사전활동 TV 운동경기 중계를 녹화하여 유아들에게 보여준다.

놀이방법

1. 운동경기 중계에 대해 이야기를 나눈다.
   - ○○는 어떤 운동경기를 좋아하니?
   - TV에서 야구경기를 본 적이 있니?
   - 야구경기를 누가 중계하고 해설해 주었니?
2. 아나운서와 해설자, 촬영기사 역할을 할 유아를 정한다.
   - 누가 아나운서를 할까?
   - 아나운서가 중계를 하려면 무엇이 필요할까?
   - 해설자는 어떤 역할을 해야 하니?
3. 아나운서가 운동 사진을 보면서 중계를 하고 해설자는 해설을 한다.
   - 지금부터 축구경기 중계를 시작하겠습니다.
4. 중계 내용을 녹음했다가 다시 들어본다.
   - 무슨 운동경기를 중계하는 것일까?
   - 누구의 목소리이니?

참 고
- 다양한 운동경기의 규칙에 대해 알아본다.
- 역할을 바꾸어서 놀이한다.

상품광고 놀이

3 역할놀이

대 상 4, 5세 유아

목 표
- 창의적인 표현력을 기른다.
- 광고의 기능을 이해한다
- 협동하는 태도를 기른다.

놀잇감 신문이나 잡지의 상품광고 사진(장난감, 운동화, 아이스크림), 상품 카탈로그, 종이, 필기 도구, 헌 카메라, 손전등, 셀로판지, 녹음기

놀이방법
1. 상품광고 사진이나 카탈로그를 보면서 광고할 상품을 정하고 광고 방법을 의논한다.
   - 이런 사진을 보면 어떤 생각이 드니?
   - 우리도 물건을 광고하는 놀이를 해 보자.
   - 어떤 상품을 광고할까?
   - 이 상품을 어떤 방법으로 광고할 수 있을까?
2. 유아 3, 4명이 팀을 이루어 상품의 광고문구를 서로 의논해서 창의적으로 만든다.
   - 이 상품의 좋은 점을 무엇이라고 광고할까?
   - 노래를 부르면서 광고를 하면 어떨까?
3. 유아들이 역할을 맡아서 상품의 광고를 한다.
   - 조명기사와 카메라맨은 누가 할까?
   - 누가 연기를 잘 하는 것 같으니?
   - 감독의 지시에 따라 상품 광고를 하자.

참 고
- 유아들이 광고 만드는 과정을 카메라로 찍어서 함께 본다.
- 상품 광고지를 만들어도 재미있다.

TV 요리시간

3 역할놀이

대 상 4, 5세 유아

목 표
- 언어 표현력이 발달한다.
- 다양한 직업에 관심을 갖는다.
- 상상력을 기른다.

놀잇감 밀가루반죽, 밀대, 찍기 틀, 접시, 앞치마, 요리사 모자 및 가운, 피자 만드는 순서표, 카메라

놀이방법 1. TV에서 요리 프로그램을 본 경험에 대해 이야기를 나눈다.
- 어떤 음식 만드는 것을 보았니?
- 누가 만들었니?
- 음식 만드는 방법을 어떻게 알려 주었니?

2. TV 요리시간 놀이를 계획한다.
- 어떤 음식을 만들어 볼까?
- 피자를 만들까?
- 피자요리 시간을 촬영하려면 무엇을 준비해야 할까?

3. 촬영장을 꾸미고 소품을 준비한다.
- 촬영장을 어떻게 꾸밀까?
- 피자 만드는 순서표는 어떻게 보여줄까?

4. 역할을 정한다.
- 요리사는 누가 할까?
- 진행 맡을 사회자는 누가 할래?

5. 사회자의 진행에 따라 요리사는 피자 만드는 방법을 소개한다.
- 밀가루를 반죽한 다음에는 어떻게 할까요?

참 고 요리 만드는 순서표는 유아와 함께 만들어 사용할 수 있다.

119 구조대 놀이

3 역할놀이

대 상 4, 5세 유아

목 표
- 119 구조대의 역할에 관심을 갖는다.
- 위험에 대처하는 방법을 안다.
- 계획하고 실행하는 능력을 기른다.

놀잇감 자전거, 수레, 119 구조대 복장(조끼, 모자), 구조 도구, 병원놀이 세트, 들 것, 무전기, 사이렌, 호스, 호루라기, 소화기, 확성기, 전화기, 인형, 블록

사전활동 119 구조대원을 초청하여 구조대원의 역할을 알아본다.

놀이방법
1. 119 구조대 놀이에 필요한 소품과 역할을 계획한다.
   - 119 구조대는 어떤 일을 하니?
   - 119 구조대 놀이를 하려면 무엇이 필요할까?
   - 어떤 사람들이 있어야 할까?
2. 놀이에 필요한 소품을 만들거나 준비한다.
   - 구조대원은 어떤 옷을 입니?
   - 응급차는 무엇으로 만들까?
   - 응급차 안에는 무엇을 준비해야 할까?
   - 부상당한 사람을 응급 처치하려면 무엇이 필요할까?
3. 사고 상황에 대해 이야기를 나눈 후 역할을 정한다.
   - 어떤 사고가 났다고 할까?
   - 누가 구조대원을 할까?
4. 119 구조대원 놀이를 한다.
   - 여기는 119구조대, 출동하라.

참 고 병원응급실 놀이로 확장할 수도 있다.

자동차 가게놀이

3 역할놀이

대 상 4, 5세 유아

목 표
- 물건의 구매방법에 관심을 갖는다.
- 협동하는 태도를 갖는다.
- 상상력이 발달한다.

놀잇감 장난감 자동차, 각종 플라스틱 블록과 상자, 여러 모양의 백업, 가격표, 모형 돈, 영수증, 쇼핑백

놀이방법
1. 좋아하는 장난감에 대해 이야기를 나눈다.
   - 어떤 장난감을 좋아하니?
   - 어디서 샀니?
   - 장난감 자동차를 파는 가게놀이를 해 볼까?
2. 가게놀이를 하기 위해 준비를 한다.
   - 어떤 자동차를 팔까?
   - 블록이나 상자, 백업으로 자동차를 만들어 팔면 어떨까?
   - 가격표를 어디에 붙일까?
   - 자동차를 파는 사람은 누가 할래?
   - 손님은 누가 할까?
3. 자동차를 사고파는 놀이를 한다.
   - 어떤 자동차를 사고 싶으니?
   - 손님에게 자동차의 좋은 점을 어떻게 설명해 줄래?
   - 포장을 어떻게 해 줄까?

참 고
- 자동차 광고 포스터를 만들어 본다.
- 백업, 찰흙, 폐품 등을 활용하여 다양한 자동차를 만들어 상품으로 활용한다.

우주선 놀이

3 역할놀이

대 상 4, 5세 유아

목 표
- 우주 비행에 관심을 갖는다.
- 상상력을 기른다.
- 협동심을 기른다.

놀잇감 헬멧, 우주복(은색 비옷), 산소통, 우주 장화, 쌍안경, 무전기, 손전등, 레이더, 헤드폰, 계기판, 탐사기, 상자, 블록, 의자, 보자기, 은박지

산소통 만들기

준비물 : 1.5리터 음료수 병 2개, 투명테이프, 호스, 깔때기, 두꺼운 리본 끈
만드는 법 : 1.5리터 음료수 병 2개를 투명테이프로 붙여 산소통을 만든다. 병 입구에 호스를 끼운 후 호스 끝에 깔때기를 연결한다. 두꺼운 리본 끈으로 어깨 끈을 만들어 산소통에 묶는다.

우주 장화 만들기

준비물 : 유아용 장화, 압축 스티로폼, 은박테이프
만드는 방법 : 유아용 장화의 밑바닥에 압축 스티로폼을 붙이고 은박테이프를 붙여 장식한다.

탐사기 만들기

준비물 : 헌 우산, 은색 래커
만드는 법 : 헌 우산에 은색 래커를 뿌린 후 말린다.

사전활동 우주에 대해 이야기를 나눈 후에 관련 그림책이나 우주인 이소연 화보를 보여준다.

놀이방법 1. 준비된 놀잇감을 보면서 우주선 놀이를 계획한다.
- 우주선에 타고 있는 이소연 언니 사진을 본 적이 있지?
- 어떤 옷을 입고 있었니 ?
- 우주여행 놀이를 해 볼까?
- 우주를 여행하려면 무엇을 준비해야 할까?
- 우주선을 어떻게 만들까?

- 우주선을 타고 어디까지 간다고 할까?

2. 커다란 상자, 블록과 의자를 이용하여 우주선을 만든다.
   - 커다란 우주선을 만들어 보자.
   - 무엇으로 만들까?
   - 우주선 안은 어떻게 꾸밀까?
   - 계기판은 어디에 붙일까?
3. 역할을 정하고 분장한다.
   - 우주 비행사는 어떤 걸 입을까?
   - 외계인은 어떤 모습을 하고 있을까?
4. 역할놀이를 한다.
   - 우주선 안에서는 무엇을 먹을까?
   - 우주인은 어떻게 걸어 다닐까?
   - 외계인을 만난다면 무슨 말을 하고 싶니?

참 고 실외 놀이터에 있는 정글짐이나 텐트를 이용하여 우주선 놀이를 할 수 있다.

해저탐험 놀이

3 역할놀이

대 상 4, 5세 유아

목 표
- 바닷속에 대해 관심을 갖는다.
- 협동심을 기른다.
- 창의적 표현력을 기른다.

놀잇감 물안경, 산소통(1.5ℓ 음료수 통 이용), 조개 · 소라껍질, 보자기나 머플러, 블록이나 상자, 의자

놀이방법
1. 바닷속 풍경에 대해 이야기한다.
   - 바닷속에는 무엇이 있을까?
   - 바닷속으로 여행을 간다면 무엇을 준비해야 할까?
2. 바닷속을 꾸미고 탐험하기 위한 준비를 한다.
   - 바닷속을 어떻게 꾸밀까?
   - 바닷속으로 여행을 가려면 무엇을 타고 가야 할까?
   - 눈을 보호하려면 무엇을 써야 할까?
3. 블록, 상자, 의자 등을 이용하여 잠수함을 만든다.
   - 잠수함을 어떻게 만들까?
4. 잠수부, 잠수함 조종사 등의 역할을 정하고 놀이를 한다.
   - 잠수함 운전은 누가 할까?

참 고 물안경이나 산소통을 유아들이 직접 만들어 놀이해 본다.

감정 표현하기

4 창의적 극 놀이

대 상 3세 유아

목 표
- 자신의 감정을 언어로 표현한다
- 창의적 표현능력을 기른다.
- 의사소통 능력을 기른다.

놀잇감 감정표현판(유아의 얼굴과 양팔을 내놓을 수 있도록 구멍이 뚫린 하드보드판), 표정 그림 카드

놀이방법 1. 표정 그림 카드를 보며 이야기를 나눈다.

- 이 친구는 지금 어떤 얼굴을 하고 있니?
- 기분이 어떤 것 같으니?
- 기분이 왜 나빴을까?
- 너는 어떨 때 기분이 나쁘니?

2. 감정표현판에 얼굴과 손을 내밀고 그림 카드에 있는 표정을 손짓과 얼굴 모양으로 표현하도록 한다.

- 네가 길을 잃었다면 어떤 표정을 짓겠니?
- 배가 고플 때면 어떤 손짓을 하겠니?
- 기분이 좋을 때는 어떻게 표현할까?

3. 감정을 알아맞히는 놀이를 한다.

- 어떤 때 이렇게 표현할까?
- 어떤 표정인지 알아맞추어 보세요.

위-아래 이야기

4 창의적 극 놀이

대 상 3, 4세 유아

목 표
- 창의적 표현능력을 기른다.
- 듣고 행동하는 민첩성을 기른다.
- 위-아래의 개념을 이해한다.

놀잇감 카세트와 녹음 테이프, 스카프

놀이방법
1. 위-아래 이야기가 녹음된 테이프를 들려준다.
   - 지금부터『위-아래 이야기』동화가 녹음된 테이프를 듣겠습니다.
   - 동화에서 어떤 말을 계속 들을 수 있나 보자.
2. 동화를 한번 더 들려주면서 '위', '아래' 소리가 나오면 그 뜻에 맞는 행동을 하게 한다.
   - '위'라는 말이 나왔네. 어떻게 표현하면 좋을까?
   - '아래'는 어떻게 표현할까?
   - 손으로 표현해 볼까?
3. 손을 들고, 내리는 방법 이외에 다르게 표현할 수 있는 방법에 대해 생각해 본다.
   - 이번에는 다른 방법으로 위-아래를 표시해 볼까?
   - 머리로 위-아래를 표시할 수 있겠니?
   - '위'를 머리로 어떻게 표현할까?
4. 스카프를 활용해서 표현하도록 격려한다.
   - 스카프로 표현해 볼까?
   - ○○가 스카프를 위로 높이 들고 흔드는구나.

참 고 위-아래 이야기 내용에 따라 무언극을 할 수 있다.

위-아래 이야기

이숙재 · 이봉선 지음

쿨쿨~ 이리 뒤척, 저리 뒤척!
에구구 그만~, 도현이가 침대 위에서 아래로 "쿵!" 떨어졌네요.
아직 잠이 덜 깬 도현이는 눈을 위 아래로 비비면서 아래층 부엌으로 내려갔어요.
냉장고에는 뭐가 있지? 맨 아래 칸에 우유가 있네.
맨 위 칸엔 샌드위치도 있어요! 식빵 위에 치즈가 그 위엔 햄이… 그리고 또 그 위엔 토마토케첩까지… 아~ 맛있겠다!
도현이는 우유와 샌드위치를 식탁 아래에 숨어서 몰래몰래 먹어요.
왜냐구요? 아직 세수도 안 했거든요. 엄마가 보시면 혼날 거 같아요.
어쩍어쩍 꿀떡! 도현이가 우유를 쭉 빨자 가득 차 있던 우유가 위에서 아래로 쭉 내려갔어요. 어허 잘 먹었다!
도현이는 세수를 하러 위층에 있는 욕실로 뛰어 올라갔어요.
윗옷은 위로 벗고, 바지는 아래로 내려 벗었어요. 창피하다… 팬티만 입고 있네.
치카 치카… 위 아래로 칫솔질 해요. 푸하 푸하… 세수도 깨끗이!
선반 위에 올려 있는 수건을 꺼내어 얼굴을 닦아요.
다시 옷을 입고 욕실을 나오는데, 아래층에서 엄마가 부르세요.
도현아~ 아침 밥 식탁 위에 차려 놓을게, 얼른 아래로 내려와 먹어라~
어떡하지? 난 배부른데….

발소리 내기

4 창의적 극 놀이

대 상 3, 4세 유아

목 표
- 청각 변별력을 기른다.
- 창의성이 발달한다.
- 리듬감 및 신체조절 능력이 발달한다.

놀잇감 유아 발 크기의 나뭇조각, 방울, 카세트와 테이프

놀이방법
1. 발소리를 내는 다양한 방법을 생각해 본다.
   - 신발을 신고 걸으면 어떤 소리가 나니?
   - 발소리를 세게 내려면 어떻게 해야 할까?
   - 쿵쿵 세게 발소리를 내보자.
2. 나뭇조각, 깡통, 방울 등을 가지고 소리를 내본다.
   - 어떤 소리가 나니?
3. 나뭇조각을 신발 밑에 묶거나 방울을 신발에 달아서 발소리를 비교해 본다.
   - 발소리가 어떻게 나니?
   - 어떤 발소리가 가장 크니?
4. 음악 소리에 맞추어 발소리를 낸다.
   - 빠른 음악일 땐 발을 어떻게 움직여야 할까?

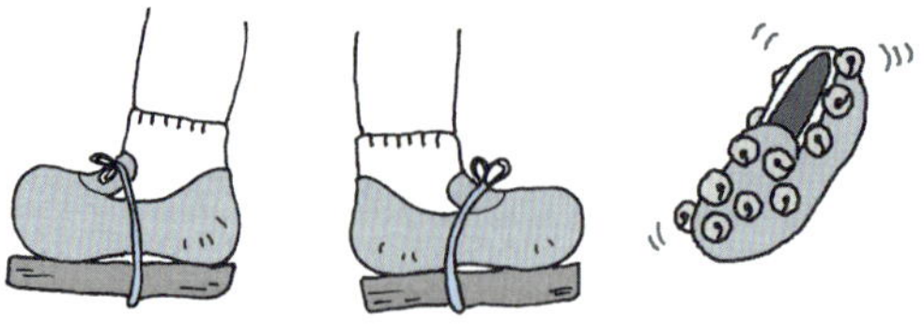

참 고
- 실내에서 놀이하는 경우, 다른 활동에 방해가 되지 않도록 주의한다.
- 실외의 모래 바닥, 콘크리트 바닥, 잔디 바닥에서 발소리를 내고 비교해 본다.

그림자 따라하기

4 창의적 극 놀이

대 상 3, 4세 유아

목 표
- 동작으로 표현하는 능력을 기른다.
- 상상력을 기른다.
- 대근육 운동능력이 발달한다.

놀잇감 그림자 카드

놀이방법
1. 그림자 카드를 보면서 어떤 모습인지 이야기한다.
   - 이 그림은 몸을 어떻게 하고 있는 모습일까?
2. 그림자 모습대로 따라한다.
   - 이 모습처럼 되려면 어떻게 해야 할까?
3. 유아가 그림자 모습을 표현하면 다른 유아들이 그림자 카드에서 동일한 모습을 찾아낸다.
   - ㅇㅇ가 어떤 모습을 하고 있니?
   - 그림 카드에서 ㅇㅇ의 모습과 똑같은 것은 어떤 것이니?
4. 그림자 카드로 연속적인 동작을 준비하여 무언극으로 해 본다.

참 고
- 전신 거울을 제공하여 자신의 모습을 비춰 보면서 활동하게 한다.
- 유아의 동작표현을 사진기로 찍어서 보여준다.

지각대장 세형이 무언극

4 창의적 극 놀이

대 상 3, 4세 유아

목 표
- 이야기를 주의 깊게 듣고 내용을 이해한다.
- 창의적으로 표현하는 능력을 기른다.
- 소근육 및 신체조절 능력을 기른다.

놀잇감 『지각 대장 세형이』 낱장 그림 동화

놀이방법

1. 『지각 대장 세형이』 동화를 듣고, 세형이가 어떻게 행동했는지 이야기를 나눈다.
   - 세형이는 아침에 일어나서 제일 먼저 어떤 일을 했니?
   - 그 다음에는 어떤 일을 했니?
2. 그림을 다시 보면서 반복되는 문장을 이야기해 본다.
   - 세형이가 무엇을 하고 있니?
   - 수요일 아침에 세형이는 무슨 일을 했니?
3. 동화 내용에 따라 무언극을 해 본다.
   - 잠자리에서 벌떡 일어나는 것은 어떻게 표현하면 좋을까?

참 고 『지각 대장 세형이』 동화 내용은 녹음하여 활용할 수 있다.

지각대장 세형이

세형이에게는 같은 유치원에 다니는 형이 있어요. 세형이는 형과 똑같은 옷을 입고 형이 하는 행동은 뭐든지 따라하려고 하지요. 그런데, 딱 한 가지 따라하지 못하는 것이 있어요. 형은 아침 일찍 일어나서 유치원에 제일 먼저 도착하는데, 세형이는 느릿느릿 꾸물거리다 매일 지각하거든요. 세형이는 오늘도 유치원에 늦게 도착했어요. 너무 늦게 가서 이미 간식시간도 끝났어요. "내가 좋아하는 과자를 못 먹었잖아! 잉잉~."

속이 상한 세형이는 "어떻게 하면 형처럼 일찍 유치원에 갈 수 있을까?" 궁리하였어요.

"옳지!" 세형이는 좋은 생각을 해내었어요. "형이 하는 대로 매일매일 하나씩 따라 해 볼거야."

월요일 아침, 세형이는 형과 똑같이, 7시를 알리는 시곗소리를 듣고 잠자리에서 벌떡 일어나 이를 닦았어요.

화요일 아침, 세형이는 형과 똑같이, 7시를 알리는 시곗소리를 듣고 잠자리에서 벌떡 일어나 이를 닦고 세수를 했어요.

수요일 아침, 세형이는 형과 똑같이, 7시를 알리는 시곗소리를 듣고 잠자리에서 벌떡 일어나 이를 닦고 세수를 하고 혼자서 옷을 입었어요.

목요일 아침, 세형이는 형과 똑같이, 7시를 알리는 시곗소리를 듣고 잠자리에서 벌떡 일어나 이를 닦고 세수를 하고 혼자서 옷을 입고 아침을 먹었어요.

금요일 아침, 세형이는 형과 똑같이, 7시를 알리는 시곗소리를 듣고 잠자리에서 벌떡 일어나 이를 닦고 세수를 하고 혼자서 옷을 입고 아침을 먹고 엄마에게 안녕 인사를 했어요.

토요일 아침, 세형이는 다른 날과 똑같이, 7시를 알리는 시곗소리를 듣고 잠자리에서 벌떡 일어나 이를 닦고 세수를 하고 혼자서 옷을 입고 아침을 먹고 엄마에게 안녕 인사를 했어요.

엄마는 깜짝 놀라시며 "너 어디 가니?"라고 물으시는 거예요. "아하! 오늘은 토요일이지?" 유치원에 가지 않는 날이에요. 하지만 이젠 형을 따라하지 않아도 스스로 일찍 유치원에 갈 수 있어요.

멋지게 분장하기

4 창의적 극 놀이

대 상 3, 4세 유아

목 표
- 창의적 표현력을 기른다.
- 사람의 다양한 모습에 관심을 갖는다.
- 놀이를 통해 즐거운 마음을 갖는다.

놀잇감 화장품, 빗, 다양한 형태와 색상의 가발, 수염, 안경, 거울, 옷, 가면, 다양한 사람들의 사진

놀이방법
1. 다양한 사람들의 모습을 찍은 사진을 보며 이야기한다.
   - 어떤 모습을 하고 있니?
   - 얼굴은 어떻게 생겼니?
   - 머리는 어떤 모양이니?
2. 화장품과 가발, 수염, 안경 등을 이용하여 다양한 모습으로 꾸민다.
   - 어떻게 분장을 해 볼까?
   - 검은 안경을 쓰면 어떻게 보일까?
   - 어떤 가발을 써볼까?
3. 분장을 한 후 다양한 역할을 창의적으로 표현해 본다.
   - ○○야, 거울을 보면서 멋진 표정을 지어볼까?
   - 곱슬머리 아가씨는 어떻게 행동을 할까?

참 고 분장한 유아들의 모습을 사진 찍어서 전시한다.

만화 주인공 되기

4 창의적 극 놀이

대 상 4, 5세 유아

목 표
- 창의적 표현력을 기른다.
- 문제 해결력이 발달한다.
- 상상력을 기른다.

놀잇감 만화 그림(예 세일러 문, 포켓몬스터, 미키 마우스), 분장의상 및 소품, 머리띠

놀이방법
1. 유아들이 좋아하는 만화의 장면을 보면서 이야기를 나눈다.
   - 포켓몬스터 가운데 누가 좋으니?
   - 왜 좋으니?
2. 준비된 의상과 소품을 이용하여 유아가 좋아하는 만화 주인공처럼 꾸민다.
   - 어떻게 하면 피카추 같이 보일까?
   - 여기 준비된 옷으로 꾸며 볼까?
3. 만화 주인공의 행동 특성을 무언극으로 표현한다.
   - 피카추는 어떻게 움직이니?
   - ○○가 표현해 볼까?
   - 깜짝 놀랄 때의 표정은 어떠니?
4. 여러 명의 유아들이 각자 배역을 맡아서 만화 내용을 창작하여 극 놀이해 본다.

참 고 분장에 필요한 소품을 유아들이 직접 만들어 볼 수 있다.

수영복-튜브-호루라기 즉흥극

4 창의적 극 놀이

대 상 4, 5세 유아

목 표
- 사물의 기능에 대해 안다.
- 창의적인 표현력을 기른다.
- 문제해결 능력을 기른다.

놀잇감 수영복, 수영 모자, 튜브, 호루라기

놀이방법
1. 준비한 놀잇감의 용도에 대해 이야기를 나눈다.
   - 튜브는 무엇을 할 때 사용하는 것이니?
   - 호루라기는 언제 사용할까?
2. 각 놀잇감을 보고 연상되는 내용을 함께 연결하여 이야기를 꾸민다.
   - 이 물건들을 보면서 생각나는 이야기를 꾸며보자.
   - 그 다음에는 어떻게 되었니?

   예 "민희가 수영복을 입고 수영을 하고 있어요. 너무 깊은 곳까지 왔어요. 민희가 허우적거리고 있는데 안전요원 아저씨가 호루라기를 불며 달려왔어요. 아저씨가 튜브를 던져 주어 물속에 빠진 민희를 구해 주었어요."
3. 이야기 내용을 즉흥극으로 표현한다.
   - 수영하는 모습은 어떻게 표현할까?
   - 호루라기는 어떤 역할을 맡은 친구에게 필요하니?
4. 무언극이 끝난 후 재미있었던 점, 부족한 점에 대해 이야기를 나눈다.
   - 어떤 점이 재미있었니?

참 고 놀잇감의 종류나 개수를 다양하게 제공하여(예 호루라기, 지갑, 전화기) 이야기를 꾸미고 무언극으로 표현할 수 있다.

그림자 인형극

4 창의적 극 놀이

대 상 4, 5세 유아

목 표
- 빛과 그림자의 성질을 안다.
- 상상력을 기른다.
- 언어표현 능력을 기른다.

놀잇감 그림자 인형(나무젓가락에 동물, 사람, 사물의 그림을 오려 붙임), 환등기 프로젝터, 손전등, 스크린

놀이방법
1. 그림자 인형을 살펴본다.
   - 무슨 인형이니?
   - 다른 막대 인형과 어떤 점이 다르니?
   - 어떻게 가지고 놀까?
2. 환등기 프로젝터나 손전등으로 인형에 빛을 비추어 본다.
   - 벽에 무엇이 생겼니?
   - 왜 그림자가 생길까?
   - 그림자 인형놀이를 해 보자
   - 그림자를 움직이게 하려면 어떻게 해야 할까?
   - 그림자가 무엇을 하고 있니?
3. 이야기를 꾸미며 그림자 인형극 놀이를 한다.
   - 어떤 내용의 그림자 인형극 놀이를 할까?
   - 인형극에는 누가 나오니?

참 고
- 날씨가 맑은 날 그림자 인형을 이용하여 실외 놀이터 벽면에 그림자를 만든다.
- 유아들과 함께 동화의 등장인물을 그림자 인형으로 만들어 본다.

『혹부리 할아버지』 주제극 놀이

4 창의적 극 놀이

대 상 4, 5세 유아

목 표
- 이야기 이해능력 및 회상능력이 발달한다.
- 언어적 표현력을 기른다.
- 상상력 및 창의성을 기른다.

놀잇감 도깨비 방망이, 분장용 수염, 혹, 한복, 블록

도깨비 방망이 만들기

준비물 : 신문지, 은박지, 방울, 색솜

만드는 법 : 신문지를 구겨서 방망이 모양을 만들어 은박지로 싼 다음에 방울이나 색솜을 붙여 꾸민다.

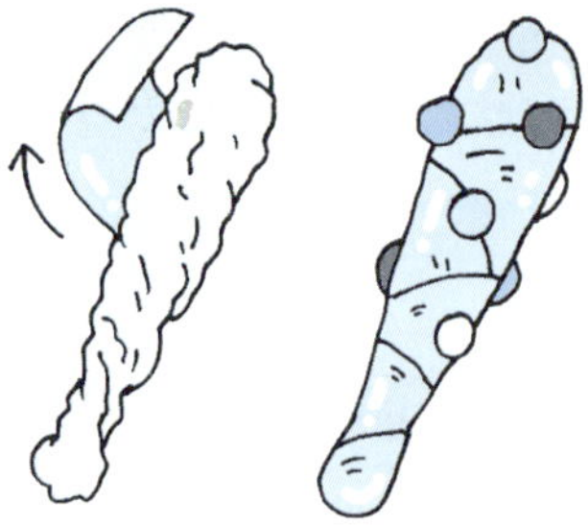

놀이방법

1. 『혹부리 할아버지』 동화를 들려준 후 동화 내용에 대해 이야기를 나눈다.
   - 도깨비들은 왜 혹을 달라고 했을까?
   - 혹을 떼어가고 무엇을 주었니?
   - 욕심쟁이 혹부리 할아버지는 어떻게 되었니?
2. 주제극 놀이를 계획한다
   - 주제극 놀이를 하려면 어떤 것들이 필요할까?
   - 교실에 있는 물건들 중에서 어떤 것을 사용하면 좋을까?
   - 어떤 소품이 더 필요할까?

3. 무대를 꾸미고 역할을 정하여 분장을 한다.
   - 도깨비집은 어떻게 꾸밀까?
   - 어떻게 꾸미면 혹부리 할아버지처럼 보일까?
   - 무엇으로 할아버지 혹을 만들까?
   - 무시무시한 도깨비로 어떻게 분장을 할까?
   - 도깨비를 하고 싶어하는 친구들이 많은데 어떻게 정할까?
   - 착한 혹부리 할아버지는 누가 할까?
4. 주제극 놀이를 시작한다. 교사는 해설자의 역할을 하고 유아들이 몸짓이나 대사를 창의적으로 표현할 수 있도록 격려한다. 특히 다양한 감정과 느낌을 표현하도록 지도한다.
   - 누가 제일 먼저 등장하니?
   - 도깨비들은 혹부리 할아버지에게 뭐라고 했니?
   - 혹부리 할아버지는 무서워서 어떻게 했니?
   - 혹을 떼어준 할아버지의 기분은 어땠을까?
   - 혹이 노래주머니가 아니라는 걸 안 도깨비들은 어떻게 했을까?
5. 주제극 놀이가 끝나면 평가를 한다.
   - 어떤 점이 가장 재미있었니?
   - ○○는 어떤 역할을 했니?
   - 도깨비의 목소리는 어떻게 들렸니?

참 고

- 배역을 정할 때 지원자가 많은 경우, 유아들이 의논해서 자율적으로 결정하도록 한다.
- 유아들이 도깨비 방망이, 혹 등을 창의적으로 만들어 사용하면 놀이에 더 적극적으로 참여하게 된다

『빨간 모자』 주제극 놀이

4 창의적 극 놀이

대 상 4, 5세 유아

목 표
- 동화 듣기에 집중하는 능력을 기른다.
- 상상력 및 창의적 표현력이 발달한다.
- 협동하는 태도를 기른다.

놀잇감 빨간 모자, 바구니, 점토로 만든 과자, 앞치마, 할머니의 레이스 모자, 늑대 가면, 늑대 장갑, 활과 화살통, 탱탱볼, 블록, 종이, 매직펜

늑대 장갑 만들기

준비물 : 면장갑, 털실, 부직포

만드는 법 : 면장갑에 부직포로 뾰쪽하게 손톱을 만들어 붙이고 털실을 붙여서 늑대털 처럼 만든다.

놀이방법

1. 『빨간 모자』 동화를 듣고 동화 내용에 대해 자유롭게 이야기를 나눈다.
   - 동화에 누가 나왔니?
   - 늑대가 할머니를 어떻게 했니?

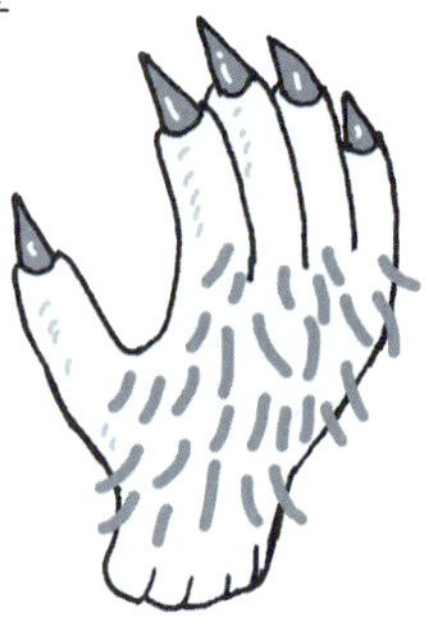

2. 주제극 놀이를 계획한다. 등장인물, 소품, 무대 꾸미기 등에 관해 의논한 내용을 종이에 적는다.
   - 극 놀이를 어떻게 할지 함께 생각해 보자.
   - 동화 내용을 해설하는 역할은 누가 할까?
   - 늑대는 어떻게 꾸밀까?
   - 친구들이 말한 내용을 종이에 적어보자.
3. 계획한 내용에 따라 준비를 한다. 배역을 맡은 유아는 분장을 하고, 무대 꾸미는 역할을 맡은 유아는 무대장식을 한다.
   - 늑대의 손을 면장갑과 털실로 재미있게 만들고 있구나.
   - 무대를 어디에 만들까?

- ○○는 무서운 늑대같이 꾸몄네

4. 주제극 놀이를 시작한다. 각 역할에 맞는 대사를 유아들이 창의적으로 표현하도록 격려한다.
   - 늑대는 뭐라고 말할까?
5. 주제극 놀이가 끝나면 참여했던 유아들과 관객이 되었던 유아들이 함께 평가한다.
   - 어떤 점이 재미있었니?
   - 만약에 내가 빨간 모자라면 늑대가 나타났을 때 어떻게 했을까?
   - 늑대가 할머니처럼 이야기하려면 어떤 목소리가 어울릴까?
6. 유아들이 원하면 배역을 다시 정하고 주제극 놀이를 한번 더 한다.

참 고

- 밀가루반죽을 이용하여 할머니 집에 가지고 갈 과자와 케이크를 만든다.
- 주제극 놀이에 대한 유아의 창의적 의견을 계속 첨가할 수 있도록 종이와 매직펜을 준비해 준다.

『검둥이 삼보』 주제극 놀이

4 창의적 극 놀이

대 상 4, 5세 유아

목 표
- 동화 내용을 창의적으로 표현한다.
- 상상력이 발달한다.
- 친구들과 협동하는 능력을 기른다.

놀잇감 검둥이 삼보 머리띠, 호랑이 꼬리, 우산, 바지, 신발, 블록, 손전등, 여러 색깔의 셀로판지, 카메라, 종이, 매직펜, 카세트와 테이프

놀이방법
1. 『검둥이 삼보』 그림 동화를 들려준 후 내용을 회상한다.
   - 누가 나왔니?
   - 삼보가 첫 번째 호랑이에게 무엇을 주었니?
2. 주제극 놀이를 하기 위해 계획을 한다. 배역 및 분장, 무대 꾸미기 이외에 음악, 조명 및 촬영, 광고 등에 관해서 의논한다.
   - 검둥이 삼보는 누가 할까?
   - 주제극 놀이를 하려면 등장인물하고 또 어떤 일을 하는 사람들이 필요하니?
   - 조명은 어떻게 할까?
   - 친구들에게 극 놀이하는 것을 어떻게 알릴까?
3. 각자 역할을 맡아서 준비를 한다.
   - 누가 포스터를 만들까?

- 삼보 머리띠는 어떻게 만들까?
- 조명 불빛을 여러 색깔로 하려면 어떻게 할까?

4. 주제극 놀이를 시작한다. 음악을 담당하는 유아가 배경 음악을 틀고 시작을 알린다.
   - 지금부터 『검둥이 삼보』 주제극 놀이를 시작하겠습니다.
5. 주제극 놀이가 끝나면 역할을 맡아 참여한 모든 유아들이 앞으로 나와서 각자 자기 소개를 한다.
   - 자기 소개를 해볼까?
   - 나는 호랑이를 한 ○○입니다.
6. 어떤 점이 재미있었는지, 다음에는 어떻게 해야 더 재미있을지 평가한다.
   - 어떤 역할이 가장 재미있었니?
   - 힘들었던 점은 없었니?
   - 어떤 점을 고치면 더 재미있을까?

참 고 주제극 놀이하는 장면을 사진 찍어서 이야기책으로 만들어 본다.

두 손, 두 발로 걷기

5 운동놀이

대 상 3세 유아

목 표
- 손과 발의 협응력을 기른다.
- 공간 지각력이 발달한다.
- 신체 균형감을 기른다.

놀잇감 후프 20개 이상

놀이방법

1. 준비한 후프를 2개씩 붙여서 늘어놓는다.
   - 어떤 모양 같으니?
   - 후프 안으로 어떻게 들어가 볼까?
2. 유아들이 손과 발로 후프 안을 짚으면서 엉금엉금 기어나간다.
   - 우리가 거북이라면 어떻게 갈까?
   - 또 어떤 동물처럼 갈 수 있을까?
3. 끝까지 빨리 기어갈 수 있도록 격려한다.
   - 누가 끝까지 빨리 기어가나 보자.
   - ○○가 열심히 기어가는구나.

참 고
- 후프 늘어놓는 간격을 다양하게 한다.
- 깡충 뛰어서 후프 건너기를 해 본다.

신문지 공 돌리기

5 운동놀이

대 상 3, 4세 유아

목 표
- 손과 발의 운동 기능이 발달한다.
- 신체조절 능력을 기른다.
- 집중력을 기른다.

놀잇감 신문지 공

신문지 공 만들기

준비물 : 신문지 3~4장, 끈

만드는 법 : 신문지 3~4장을 꽁꽁 뭉쳐 둥그렇게 만든 후에 끈으로 동여매고 길게 끈을 매달아서 유아가 잡고 돌릴 수 있게 만든다.

놀이방법

1. 신문지 공을 보면서 이야기를 나눈다.
   - 무엇으로 만들었을까?
   - 무슨 모양이니?
   - 끈이 왜 달렸을까?
2. 신문지 공의 끈을 손으로 잡고 돌린다.
   - 어떻게 돌려야 잘 돌아가니?
   - 하나, 둘, 셋…
3. 신문지 공을 한쪽 발목에 묶고 돌린다.
   - 천천히 돌려보자. 이번에는 빨리 돌려보자.
   - 손으로 잡고 돌릴 때와 어떤 점이 다르니?

참 고
- 신문지 공을 돌릴 때 다른 친구가 맞지 않도록 주의시킨다.
- 신문지 공을 샌드백처럼 나뭇가지나 철봉에 매달아 주먹으로 치는 놀이를 한다.

신문지 막대기 돌리기

5 운동놀이

대 상 3, 4세 유아

목 표
- 대 · 소근육이 발달한다.
- 협동심을 기른다.
- 리듬감을 기른다.

놀잇감 신문지 막대기(신문지 여러 장을 돌돌 말아서 풀이나 테이프로 붙임), 유아들이 좋아하는 노래 테이프, 카세트, 탬버린 또는 북

놀이방법
1. 6~7명의 유아가 신문지 막대기를 들고 원형으로 앉는다.
   - 자, 둥글게 앉아보자.
   - ○○옆에 어떤 친구가 앉았니?
2. 유아들이 좋아하는 노래를 들으면서 옆에 있는 친구에게 신문지 막대기를 전달한다.
   - 신문지 막대기를 옆에 있는 친구에게 전달해 주자.
   - 신문지 막대기를 떨어뜨리지 않고 전달하려면 어떻게 해야 할까?
3. 노래의 속도에 따라 막대기를 빠르게, 느리게 돌린다.
   - 노래가 빨라지면 신문지 막대기를 어떻게 돌릴까?
   - 이번에는 반대방향으로 돌려볼까?

참 고
- 신문지 막대기를 던지고 받기, 손바닥에 오래 세우기 등을 할 수 있다.
- 신문지 막대기로 친구를 때리거나 집어 던지지 않도록 지도한다.
- 신문지 막대 외에 공을 가지고 전달하기를 할 수 있다.

낙하산 놀이

5 운동놀이

대 상 3, 4세 유아

목 표
- 신체운동 능력을 기른다.
- 협동하는 태도를 기른다.
- 방향감각이 발달한다.

놀잇감 낙하산

낙하산 만들기

준비물 : 천(2×2m), 바이어스 테이프, 끈
만드는 법 : 천을 원형으로 잘라 테두리를 바이어스 테이프로 처리한다.
테두리에 6~8개의 끈을 달아 손잡이를 만든다. 낙하산 가운데에 작은 구멍을 내고 바이어스 테이프로 마무리한다.

놀이방법

1. 낙하산을 보면서 이야기를 나눈다.
   - 이런 것을 본 적이 있니?
   - 넓게 펼치면 어떤 모양일까?
2. 6명의 유아가 낙하산을 잡고 흔들어서 물결치는 모양을 만든다.
   - 낙하산 손잡이를 꼭 잡고 흔들어보자.
   - 낙하산이 어떻게 되었니?
   - 큰 파도를 만들어 보자. 작은 파도는 어떻게 만들 수 있을까?
3. 낙하산을 손으로 잡고 왼쪽, 오른쪽 방향으로 돈다. 함께 놀이하는 유아들이 속도, 방향을 잘 맞추도록 격려한다.
   - 빠르게 돌아보자.

참 고
- 음악에 맞추어 다양한 동작을 한다.
- 공이나 팥 주머니를 낙하산 위에 올려놓고 낙하산을 흔들어서 튕겨본다.

리본 로켓

5 운동놀이

대 상 3, 4세 유아

목 표
- 대근육 운동능력이 발달한다.
- 신체조절 능력이 발달한다.
- 리듬감을 기른다.

놀잇감 리본 막대

리본 막대 만들기

만드는 법 : 나무젓가락에 리본을 묶어서 만든다.

놀이방법

1. 리본 막대를 보면서 이야기한다.
   - 막대 끝에 무엇이 달려 있니?
   - 막대를 흔들면 리본이 어떻게 될까?
2. 리본 막대를 흔들어본다.
   - 리본이 어떻게 움직이니?
   - 리본 막대를 빠르게 흔들어보자.
3. 리본 막대의 리본 끝을 잡고 로켓을 발사하듯 멀리 날려본다.
   - 얼마나 멀리 날아갔니?
   - 누구의 로켓이 가장 멀리 나갔니?

참 고
- 리본 막대를 던질 때 다른 유아가 맞지 않도록 주의시킨다.
- 음악에 맞추어 리본 막대를 파도치는 것처럼 빠르게 흔들거나 크게 원을 그리며 천천히 돌리기, 위로 높이 흔들기 등의 다양한 동작을 해 본다.

후프 굴리기

5 운동놀이

대 상 3, 4세 유아

목 표
- 신체 각 부분의 운동 기능이 발달한다.
- 힘을 조절하는 능력을 기른다.
- 게임방법을 이해하고 규칙을 지킨다.

놀잇감 후프

놀이방법
1. 후프를 탐색한다.
   - 어떤 모양이니?
   - 이것으로 무엇을 할 수 있을까?
   - 굴려보자. 어떻게 굴러가니?
2. 유아들과 함께 출발선을 긋고 후프 굴리기를 준비한다.
   - 어디에서 굴려야 잘 굴러갈까?
   - 어디를 출발선으로 할까?
3. 출발선에 서서 후프를 세워 멀리 굴린다.
   - 어떻게 해야 후프가 멀리 굴러갈까?
4. 후프가 멈춘 지점에서 다시 후프를 멀리 굴린다.
   - 이번엔 얼마만큼 멀리 갔니?
   - 누구 후프가 더 멀리 굴러갔니?

참 고 후프를 굴리고 빨리 쫓아가서 붙잡는 놀이나 후프 멀리 던지기 시합을 할 수 있다.

비닐봉지 공 던지고 받기

5 운동놀이

대 상 3, 4세 유아

목 표
- 신체조절 능력을 기른다.
- 신체 균형감을 기른다.
- 주의 집중력이 발달한다.

놀잇감 비닐봉지 공, 부채

비닐봉지 공 만들기

준비물 : 작은 비닐봉지, 색종이, 신문지, 방울, 테이프

만드는 법 : 비닐봉지 밑면의 양쪽 모서리를 안쪽으로 접어 넣고 투명테이프를 붙여 둥글게 만든다. 비닐봉지 속에 색종이, 신문지, 방울을 넣고 위를 묶는다.

놀이방법

1. 비닐봉지 공을 살펴본다.
   - 이건 무엇으로 만들었을까?
   - 만지니까 어떤 느낌이 드니?
   - 공처럼 위로 던졌다 받아보자.
   - 어떤 소리가 나니, 왜 소리가 날까?
   - 고무공하고 어떤 점이 다르니?
   - 어떻게 해야 잘 던지고 받을 수 있을까?
2. 부채를 보면서 이야기를 나눈다.
   - 언제 사용하는 물건일까?
   - 부채와 비닐봉지 공으로 어떤 놀이를 할 수 있을까?

3. 비닐봉지 공을 부채 위에 올려놓고 떨어지지 않게 걸어가거나 높이 던지고 받는 놀이를 한다.
   - 비닐봉지 공을 부채에서 떨어뜨리지 않으려면 어떻게 해야 할까?

오른쪽-왼쪽

5 운동놀이

대 상 4, 5세 유아

목 표
- 지시대로 민첩하게 행동하는 능력을 기른다.
- 위치, 색에 대한 어휘를 안다.
- 리듬감을 기른다.

놀잇감 빨강색 리본이 달린 고무줄 팔찌, 파란색 리본 고무줄 팔찌, 음악 테이프, 카세트, 북

놀이방법

1. 유아의 오른쪽 손목에는 빨강색, 왼쪽 손목에는 파란색 리본을 매단 고무줄 팔찌를 끼워준다.
   - ○○야, 오른쪽 손목에는 어떤 색 리본이 달렸니?
   - 파란색 리본 팔찌는 어느 쪽 손에 있니?
2. 교사가 북을 치며 지시(예 오른쪽-왼쪽, 빨강-파랑)를 하면 유아들은 이에 따라 리본을 흔든다.
   - 둥둥~ 오른손!
   - 둥둥~ 파란색!
3. 음악 소리에 맞추어 리본을 흔든다.
   - 이번에는 음악 소리를 들으면서 손을 흔들어보자.
   - 음악 소리가 빨라지면 어떻게 해야 할까?
   - 팔을 높이 들고 크게 흔들어보자.
   - 리본이 어떻게 움직이니?

참 고
- 리본의 길이를 다양하게 준비한다.
- 놀이에 점차 익숙해지면 리본 색깔을 유아마다 다르게 해서 놀이할 수 있다.
- 클래식, 재즈, 국악 등 다양한 음악에 맞춰 놀이해 본다.

후프 들고 가위 바위 보

5 운동놀이

대 상 4, 5세 유아

목 표
- 신체 각 부분의 협응력을 기른다.
- 규칙을 이해하고 지킨다.
- 놀이를 하면서 즐거움을 느낀다.

놀잇감 후프(참가 유아 수만큼 준비), 북, 호루라기

놀이방법

1. 후프를 가지고 놀 수 있는 방법을 생각해 본다.
   - 후프로 무슨 놀이를 할 수 있을까?
   - 손을 사용하지 않고 어떻게 가위 바위 보를 할 수 있을까?
2. 후프를 허리에 받쳐 들고 가위 바위 보 놀이를 한다.
   - 손으로 후프를 잡고 있어서 가위 바위 보를 하기 어렵지?
   - 발로 가위 바위 보를 할 수 있을까?
   - 주먹을 발로 어떻게 표현할 수 있을까?
3. 후프를 들고 북소리에 맞추어 이리저리 돌아다닌다. 교사가 호루라기를 불면 가까이에 있는 유아와 마주 보고 서서 발로 가위 바위 보를 한다.
   - 누구와 만났니? 준비, 가위 바위 보!
   - 누가 이겼어?
4. 이긴 유아는 계속 돌아다니면서 새로운 상대를 찾고 진 유아는 바깥쪽으로 나와서 쉰다.
5. 마지막에 남는 유아가 이긴다.

다리 사이로 공치기

5 운동놀이

대 상 4, 5세 유아

목 표
- 눈과 발의 협응력을 기른다.
- 행동의 순발력 및 민첩성을 기른다.
- 협동심을 기른다.

놀잇감 고무공

놀이방법
1. 유아 두 명씩 짝을 짓는다.
   - 어떻게 짝을 지을까?
   - 누구랑 짝이 되고 싶니?
2. 한 명은 바닥에 다리를 짝 벌리고 앉고, 다른 유아는 공을 가지고 바닥에 앉은 유아와 마주 보고 선다.
3. 바닥에 앉은 유아가 두 다리를 벌렸다 붙였다 하는 동작을 반복하고, 서 있는 유아는 앉아 있는 유아가 다리를 벌렸을 때 바닥에 공을 친다.
   - 언제 공을 쳐야 할까?
   - 다리를 얼마만큼 벌려야 공을 잘 칠 수 있을까?
4. 두 유아가 역할을 서로 바꾸어 놀이를 계속한다.
   - 이번에는 역할을 서로 바꿔서 해 보자.

참 고
- 공을 치는 것과 다리 벌리는 순간을 맞출 수 있도록 박자를 불러 줄 수 있다.

  예 하나－다리 벌리기 (공치기)
  둘－다리 붙이기 (공 잡기)

장애물 통과하기

5 운동놀이

대 상 4, 5세 유아

목 표
- 대근육 운동능력을 기른다.
- 신체 각 부분의 협응력을 기른다.
- 성취감을 느낀다.

놀잇감 세발자전거, 분필, 각종 장애물을 만들 재료(우유갑, 종이벽돌 블록 등)

놀이방법
1. 유아들과 자전거 경주용 장애물을 만드는 방법을 이야기한다.
   - 어떤 장애물이 있으면 재미있을까?
   - 어떻게 만들까?
   - 자전거 길은 어떻게 표시할까?
2. 장애물 경주 코스를 분필로 그리고 각종 장애물을 만든다.
   - 어느 곳에 장애물을 만들까?
   - 우유갑이 쓰러지지 않게 하려면 어떻게 해야 할까?
   - 벽돌 블록으로는 어떤 장애물을 만들 수 있을까?
3. 자전거를 타고 장애물을 통과하는 놀이를 한다.
   - 자, 출발
   - 장애물을 쓰러뜨리지 말고 달려보자.

참 고
- 두 팀으로 나누어 게임할 수 있다.
- 타이어나 상자 등 새로운 장애물을 첨가한다.
- 자전거에 번호 깃발을 달아준다.

꼬리 따기

5 운동놀이

대 상 4, 5세 유아

목 표
- 신체의 민첩성을 기른다.
- 규칙에 따라 게임할 수 있다.
- 기초 체력을 기른다.

놀잇감 종이 리본테이프, 원형 고무줄, 투명테이프

놀이방법
1. 고무줄을 허리에 끼우고 종이 리본을 붙여서 꼬리를 만든다.
   - 종이 리본이 길게 늘어지니까 무엇 같니?
   - 어떤 놀이를 하면 좋을까?
   - 꼬리 따기 놀이를 해 볼까?
2. 서로 뛰어다니며 친구의 꼬리를 손으로 잡아 끊는다.
   - 어떻게 해야 친구의 꼬리를 잡아 뗄 수 있을까?
   - 친구가 내 꼬리를 못 따게 하려면 어떻게 할까?
3. 꼬리를 많이 모은 유아가 이긴다.
   - ○○는 꼬리를 몇 개 모았니?
   - 누가 꼬리를 제일 많이 모았어?

참 고
- 발목에 종이 리본을 묶어서 발로 밟아 꼬리 따는 놀이를 해 본다.
- 지나친 경쟁심보다는 규칙을 잘 지키며 게임을 하도록 격려한다.

공 운반하기

5 운동놀이

대 상 4, 5세 유아

목 표
- 신체 각 부분의 협응력을 기른다.
- 협동하는 태도를 갖는다.
- 게임의 규칙을 이해하고 지킨다.

놀잇감 고무공, 보자기, 반환점

놀이방법
1. 공과 보자기를 보면서 게임방법을 생각해 본다.
   – 공을 떨어뜨리지 않고 보자기로 운반할 수 있는 방법이 있을까?
   – 운반하는 데 몇 명의 친구가 필요한가?
2. 4명의 유아가 한 조가 된다.
   – 4명씩 짝을 지어보자.
3. 보자기 위에 공을 올려놓고 4명의 유아가 보자기의 모서리를 잡는다.
   – 공이 보자기에서 떨어지지 않게 하려면 어떻게 움직여야 할까?
4. 공이 보자기에서 굴러 떨어지지 않도록 조심해서 반환점을 돌아온다.
   – 와, 조심해서 잘 운반하고 있네.

참 고
- 처음에는 신문지를 구겨서 만든 공을 사용한다.
- 게임에 익숙해지면 보자기에 올려 놓는 공의 개수를 점차 늘린다.

발씨름 놀이

5 운동놀이

대 상 4, 5세 유아

목 표
- 몸의 균형감각을 기른다.
- 전래놀이에 관심을 갖는다
- 규칙에 따라 게임할 수 있다.

놀잇감 없음

사전준비 바닥에 지름 2m의 원을 그려 놓는다.

놀이방법
1. 씨름놀이에 대해 이야기를 나눈다.
   - 씨름하는 것을 본적이 있니?
   - 씨름은 어떻게 하니?
   - 발로 씨름을 할 수 있을까?
2. 원 안에 유아 2명이 앉아서 발바닥을 마주 댄다.
   - 발씨름을 해 볼까?
3. 상대방 유아의 발바닥을 밀어서 원 밖으로 몸이 나가게 하면 이긴다.
   - 어떻게 상대편을 원 밖으로 밀어 낼 수 있을까?
   - 누가 더 세게 밀고 있니?

참 고
- 상대방의 발바닥 이외에 다른 부분을 밀거나 치지 않도록 주의시킨다.
- 여러 팀으로 나누어 발씨름을 한 후, 이긴 팀끼리 다시 승자를 가린다.

고무장갑 분수

6 물놀이

대 상 3세 유아

목 표
- 물의 분사현상을 관찰한다.
- 소근육 운동능력이 발달한다.
- 물놀이를 통해 만족감을 느낀다.

놀잇감 고무장갑 분수

고무장갑 분수 만들기

준비물 : 헌 고무장갑, 고무줄, 호스
만드는 법 : 고무장갑의 손가락 끝에 구멍을 내고 손목부분을 호스에 끼운 후에 고무줄로 묶는다.

놀이방법

1. 고무장갑 분수를 보면서 이야기를 나눈다.
   - 이것을 본 적이 있니?
   - 무엇에 사용하는 걸까?
   - 고무장갑에 물을 넣으면 어떻게 될까?
2. 호스를 수도꼭지에 연결한 후, 물을 틀고 고무장갑을 손으로 누른다.
   - 고무장갑에서 물이 어떻게 나오니?
   - 왜 물이 나올까?
3. 물을 여기저기 뿌리며 놀이한다.
   - 세게 누르니까 물이 어떻게 나오니?
   - 땅바닥에 물을 뿌리니 어떻게 되었니?
   - 물이 다 나오면 장갑이 어떻게 될까?

그릇 닦기

6 물놀이

대 상 3, 4세 유아

목 표
- 손의 조작능력이 발달한다.
- 세제의 필요성을 이해한다.
- 일의 순서를 안다.

놀잇감 소꿉놀이용 그릇이나 모래 놀이 용품, 스펀지, 주방용 세제, 행주, 플라스틱 바구니, 설거지 통

놀이방법
1. 준비된 놀잇감을 보면서 그릇 닦기 놀이를 제안한다.
   - 그릇이 더러운데 어떻게 하면 깨끗해질까?
   - 다 닦은 다음에는 어떻게 해야 하니?
2. 그릇 닦을 준비를 한다.
   - 무엇이 필요하니?
   - 그릇을 어디에 담아둘까?
3. 그릇을 닦는다.
   - 먼저 비눗물에 그릇을 넣고 스펀지로 닦아보자.
   - 어떻게 해야 그릇이 깨끗이 헹구어질까?
   - 그릇의 물기를 없애려면 어떻게 할까?
   - 행주로 닦은 그릇은 어떻게 할까?

참 고 그릇 닦기를 한 후에 손을 깨끗이 씻도록 한다.

물 페인트칠하기

6 물놀이

대 상 3, 4세 유아

목 표
- 눈과 손의 협응력을 기른다.
- 물의 증발을 관찰한다.
- 대근육 운동능력이 발달한다.

놀잇감 헌 페인트 통이나 깡통, 다양한 크기의 페인트 붓, 사다리

놀이방법

1. 페인트 통과 페인트 붓을 살펴본다.
   - 무엇에 사용하는 것일까?
   - 페인트칠하는 것을 본적이 있니?
2. 물 페인트칠하기를 계획한다.
   - 물을 페인트라고 생각하고 칠해 보자.
   - 어디에 칠할까?
3. 붓에 물을 적셔서 벽돌이나 콘크리트 벽에 물 페인트를 칠한다.
   - 물 페인트를 칠하니까 벽돌담 색깔이 어떻게 되었니?
   - ○○와 ○○가 함께 저기까지 칠해 보자.
4. 물 페인트 자국이 증발하는 과정을 관찰한다.
   - 시간이 한참 지나니까 젖었던 부분이 어떻게 되었니?
   - 왜 물기가 다 말라 버렸을까?

참 고 벽돌이나 콘크리트 이외에 나무줄기 등 다양한 곳에 물 페인트칠을 해 볼 수 있다.

분무기 그림

6 물놀이

대 상 3, 4세 유아

목 표
- 힘의 강도에 따른 물줄기의 변화를 관찰한다.
- 색의 혼합을 경험하며 창의적인 표현력을 기른다.
- 손의 조절능력을 기른다.

놀잇감 빈 세제 통이나 분무기, 물감, 종이, 물

놀이방법
1. 실외 놀이터 바닥이나 벽에 종이를 넓게 펴놓는다.
2. 세제 통이나 분무기에 물감과 물을 넣고 흔들어 섞는다.
   - 어떤 색 물감을 넣어볼까?
   - 물감이 잘 풀리게 흔들어보자.
3. 세제 통을 눌러서 물이 뿜어져 나오면 종이에 그림을 그린다.
   - 세게 누르니까 물감이 어떻게 나오니?
   - 어떤 무늬가 만들어졌니?
4. 여러 색을 혼합하여 그림을 그린다.
   - 물감이 섞이니까 어떻게 되었니?
   - 무엇이 그려졌니?
5. 완성된 그림을 잘 말린다.

참 고
- 물감이 너무 많이 나와서 종이가 젖지 않도록 누르는 힘을 조절하게 한다.
- 눈 위에 분무기로 색물감 뿌리는 놀이를 할 수 있다.

비는 화가예요

6 물놀이

대 상 3, 4세 유아

목 표
- 물의 성질을 이해한다.
- 물질의 변화를 관찰한다.
- 호기심을 가지고 적극 탐색한다.

놀잇감 종이, 분말 물감

놀이방법
1. 종이 위에 다양한 색의 물감가루를 뿌린다.
   - 가루로 된 색 물감을 본 적이 있니?
   - 종이에 물감가루를 뿌려보자.
   - 어떤 색 물감을 뿌릴까?
   - 어떤 모양으로 뿌렸니?
2. 종이를 비가 오는 실외에 내놓는다.
   - 물감가루가 쏟아지지 않게 조심해서 옮기자.
3. 물감이 빗물에 번지는 모습을 관찰한다.
   - 빗방울이 떨어지니까 물감이 어떻게 되었니?
4. 종이를 실내로 가지고 들어와서 자세히 살펴본다.
   - 어떤 무늬가 만들어졌니?
5. 말린 후 교실 벽에 걸어둔다.

참 고
- 이슬비처럼 비가 조금씩 내릴 때 놀이하는 것이 좋다.
- 비가 안 오면, 분무기로 물을 뿌려서 비의 효과를 낼 수 있다.

얼음조각 물에 띄우기

6 물놀이

대 상 3, 4세 유아

목 표
- 얼음의 특성을 이해한다.
- 놀이를 통해 긴장해소의 기회를 갖는다.
- 관찰력을 기른다.

놀잇감 다양한 크기와 형태의 얼음조각, 조리나 체, 양동이

놀이방법
1. 더운 날, 다양한 크기와 형태의 얼음조각을 살펴본다.
   - 얼음은 무엇으로 만드니?
   - 얼음을 만지니까 어떤 느낌이 드니?
   - 시간이 지나니까 얼음이 점점 어떻게 되니?
2. 얼음조각을 물속에 넣는다.
   - 얼음을 물에 넣으니까 어떻게 되니?
   - 둥둥 떠다니는 얼음이 무엇 같으니?
3. 물에 떠다니는 얼음조각의 변화를 관찰한다.
   - 얼음조각의 크기가 어떻게 되었니?
   - 왜 점점 작아질까?
4. 조리나 체로 얼음조각 건지는 놀이를 한다.
   - 얼음을 건져보자.
   - 네모 얼음만 건져볼까?
   - 누가 빨리 건지나 내기해 볼까?

눈 위에 그림 그리기

6 물놀이

대 상 3, 4세 유아

목 표
- 소근육 및 눈과 손의 협응력을 기른다.
- 창의적 표현력을 기른다.
- 쓰기, 그리기에 관심을 갖는다.

놀잇감 막대기, 찍기 도구(우유갑, 모양 틀, 깡통, 플라스틱 끼우기 블록)

놀이방법

1. 막대기로 눈 위에 그림을 그린다.
   - 눈 위에 그림을 그릴 수 있을까?
   - 손가락으로 그려볼까?
   - 눈 위에 막대기로 그림을 그리니까 어떻게 그려지니?
   - 무엇을 그렸니?
2. 다양한 찍기 도구를 이용하여 무늬를 만든다.
   - 깡통으로 찍으니까 어떻게 되었니?
   - 어떤 무늬가 만들어졌니?
   - 이번에는 블록으로 찍어볼까?
3. 눈 위에 찍혀진 무늬를 이용하여 막대기로 그림을 그린다.
   - 무늬를 이용해서 어떤 그림을 그렸니?

참 고
- 모루나 철사, 작은 돌멩이를 이용하여 눈 위에 그린 그림을 장식한다.
- 눈 위에 숫자나 글자 쓰는 놀이를 한다.

탁구공 건지기

6 물놀이

대 상 3, 4세 유아

목 표
- 눈과 손의 협응력을 기른다.
- 물의 특성을 이해한다.
- 자신감과 만족감을 얻는다.

놀잇감 탁구공 여러 개, 체나 조리, 그릇이나 국자

놀이방법

1. 탁구공을 물에 넣는다.
   - 탁구공을 물에 넣으면 어떻게 될까?
   - 왜 탁구공이 뜰까?
   - 무슨 놀이를 하면 재미있을까?
2. 다양한 그릇으로 탁구공을 건져 올린다.
   - 무엇으로 건져야 잘 건져지니?
3. 탁구공을 많이 건지는 놀이를 한다.
   - 몇 개나 건졌니?
   - 누가 많이 건졌니?

참 고 부채로 바람을 일으키거나 입으로 불어서 탁구공 움직이는 놀이를 할 수 있다.

거품 내기

6 물놀이

대 상 3, 4세 유아

목 표
- 물과 세제의 특성을 이해한다.
- 긴장감을 해소하는 기회를 갖는다.
- 관찰력을 기른다.

놀잇감 주방용 세제, 계란 거품기, 식용 색소, 나무젓가락

놀이방법
1. 거품 만드는 방법을 생각해 본다.
   - 거품을 본 적이 있니?
   - 무엇으로 거품을 만들 수 있을까?
2. 물에 세제를 넣고 나무젓가락으로 휘젓거나 계란 거품기를 돌려서 거품을 만든다.
   - 어떻게 하니까 거품이 생기니?
   - 계란 거품기를 돌려보자.
   - 나무젓가락을 빠르게 휘저어 보자.
3. 색소를 첨가하면 다양한 색깔의 색 거품이 생긴다.
   - 무슨 색 거품이 만들어졌니?

참 고
- 종이를 준비해서 거품 찍기 놀이를 할 수 있다.
- 거품이 유아 입이나 눈으로 들어가지 않도록 주의시킨다

빨래하기

6 물놀이

대 상 4, 5세 유아

목 표
- 대 · 소근육 운동능력이 발달한다.
- 빨래하는 순서를 안다.
- 빨래에 필요한 여러 도구의 기능을 이해한다.

놀잇감 수건, 손수건, 인형 옷이나 이불, 대야, 비누, 빨래판, 빨랫줄, 빨래집게

놀이방법

1. 유아들과 함께 빨랫감을 찾는다.
   - 빨래할 것을 찾아보자.
   - 어떤 것들을 빨 수 있을까?
2. 빨랫감과 빨래 도구를 준비하여 실외 놀이터로 나간다.
   - 빨래를 어떻게 하지?
   - 빨래를 하려면 무엇이 필요하니?
3. 손수건이나 인형 옷을 물에 적셔 빤다.
   - 어떻게 해야 깨끗하게 빨래할 수 있을까?
   - 빨래판에 놓고 비누를 묻힌 후 잘 비벼보자.
4. 깨끗이 헹군 빨래를 꼭 짜서 빨랫줄에 널어 말린다.
   - 빨래가 바람에 날아가지 않도록 하려면 어떻게 해야 할까?

참 고 빨래가 마르는 과정을 관찰하도록 한다.

물풍선 놀이

6 물놀이

대 상 4, 5세 유아

목 표
- 눈과 손의 협응력 및 신체조절 능력을 기른다.
- 물의 유동성과 무게를 경험한다.
- 놀이를 통해 즐거운 마음을 갖는다.

놀잇감 풍선, 고무줄, 물

놀이방법

1. 풍선을 부풀릴 수 있는 방법을 생각해 본다.
   - 어떤 방법으로 풍선을 불 수 있을까?
   - 바람을 넣으면 풍선이 어떻게 변할까?
   - 바람 이외에 풍선 안에 무엇을 넣을 수 있겠니?
2. 풍선 꼭지를 호스에 대고 물을 넣은 후 바람이 빠지지 않도록 풍선 꼭지를 잡아 매어 물풍선을 만든다.
   - 풍선에 물을 넣으니까 어떻게 되었니?
   - 만져보면 어떤 느낌이 드니?
3. 물풍선을 가지고 높이 던지기, 서로 주고받기 놀이를 한다.
   - 높이 던졌다 받아보자.
   - 물풍선이 땅에 떨어지면 어떻게 될까?

참 고
- 풍선을 크게, 또는 작게 불거나 물의 양을 다르게 넣어서 차이를 비교한다.
- 풍선의 재질이 튼튼한 것을 준비한다.

우유갑 분수놀이

6 물놀이

대 상 4, 5세 유아

목 표
- 물의 힘을 관찰한다.
- 원인과 결과를 연결하여 생각할 수 있다.
- 탐구력을 기른다.

놀잇감 우유갑 분수

우유갑 분수 만들기

준비물 : 우유갑(큰 것, 작은 것), 송곳, 빨대, 끈
만드는 법 : 우유갑의 다양한 위치에 송곳으로 구멍을 뚫고 빨대를 끼운다.

놀이방법
1. 우유갑에 물을 담는다. 구멍에서 물이 어떻게 나올지 예측해 보게 한다.
   - 우유갑에 물을 넣어보자. 물이 어떻게 될까?
   - 물이 어디에서 나올까?
   - 어떤 구멍에서 더 잘 나올까?
2. 우유갑에서 나오는 물을 이용해서 바닥에 그림을 그린다.
   - 분수물로 바닥에 그림을 그릴 수 있을까?
   - 어떤 모양이 그려졌니?
3. 작은 우유갑 분수에 끈을 매달은 후 물을 담으면, 물이 나오면서 우유갑이 빙글빙글 움직인다.

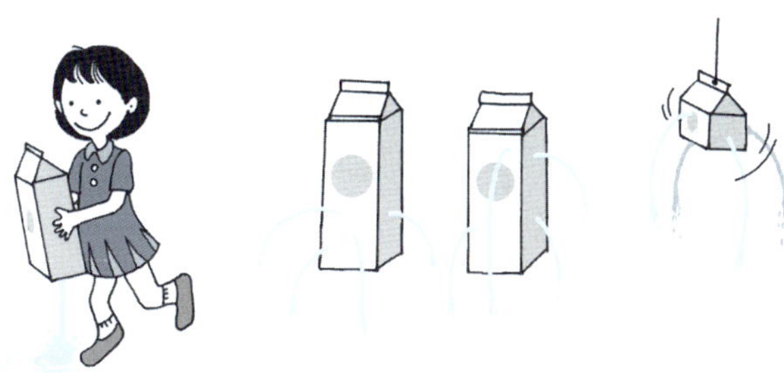

참 고 구멍의 크기, 개수, 위치에 따라 물줄기가 다르게 나오는 것을 관찰한다.

몸에 그림 그리기

6 물놀이

대 상 4, 5세 유아

목 표
- 자신의 신체에 관심을 가진다.
- 눈과 손의 협응력을 기른다.
- 긴장감을 해소할 수 있다.

놀잇감 바디 페인팅 물감, 붓, 전신 거울

놀이방법

1. 바디 페인팅 물감을 살펴본다.
   - 사람 얼굴이나 몸에 물감으로 그림 그린 것을 본적이 있니?
   - 운동경기 응원할 때 보았니?
   - 어떻게 우리 몸에 그림을 그릴 수 있을까?
2. 물감으로 친구의 몸에 그림을 그린다.
   - 친구 몸에 그림을 그려줄까?
   - 어떤 그림을 그릴까?
   - 그림을 그릴 때 느낌이 어떠니?
3. 전신 거울에 비춰 본다.
   - 어디에 그렸니?
   - 무슨 그림이니?
   - 몸에 그림을 그리니까 어떻게 보이니?
4. 그리는 역할을 바꾸어서 한다.

참 고 면도용 크림으로 물감을 지우면 다양한 촉감과 재미를 느낄 수 있다.

눈 던지기

6 물놀이

대 상 4, 5세 유아

목 표
- 신체 협응력을 기른다.
- 팔의 운동능력을 기른다.
- 집중력을 기른다.

놀잇감 목표물, 눈뭉치

놀이방법
1. 눈을 뭉쳐 눈뭉치를 만든다.
   - 눈을 만지니까 어떤 느낌이니?
   - 눈으로 무슨 놀이를 할까?
   - 어떻게 하면 눈이 단단하게 뭉쳐질까?
2. 눈뭉치를 높이 던지고 받아본다.
   - ○○야, 눈뭉치를 높이 던지고 받아보자.
3. 눈뭉치를 던져서 목표물에 맞추는 게임을 한다.
   - 눈뭉치를 던져서 무엇을 맞춰볼까?
   - 어느 정도 떨어져서 던지면 잘 맞힐 수 있을까?
   - 눈뭉치가 목표물에 맞으니까 어떻게 되었니?

참 고 목표물 대신 커다란 플라스틱 바구니를 놓아 바구니 안에 눈뭉치를 던져 넣는 놀이를 할 수 있다.

조심조심 모래 가져오기

7 모래 놀이

대 상 3세 유아

목 표
- 소근육 운동능력을 기른다.
- 욕구를 조절하는 능력이 발달한다.
- 다양한 감각을 경험하는 놀이를 한다.

놀잇감 모래, 나뭇가지

놀이방법
1. 3~4명의 유아와 함께 모래를 쌓아서 모래 산을 만든다.
   - 모래 산을 쌓아보자.
   - 모래 산을 높게 쌓으려면 어떻게 해야 할까?
   - 얼마만큼 높이 쌓을까?
2. 모래 산꼭대기에 나뭇가지를 꽂는다.
3. 유아들이 한 명씩 순서대로 모래 산의 모래를 두 손으로 긁어서 자기 앞으로 가져간다. 나뭇가지가 쓰러지지 않도록 조심해서 모래를 긁어간다. 나뭇가지가 쓰러질 때까지 차례로 한다.
   - 모래를 조금씩 가져가 보자.
   - ○○야, 나뭇가지가 쓰러지지 않게 조심하자.
   - 어떻게 해야 나뭇가지를 쓰러뜨리지 않고 모래를 많이 가져 올 수 있을까?
4. 누가 모래를 제일 많이 가져왔는지 비교해 본다.
   - 누구의 모래가 가장 많이 쌓였니?

참 고 나뭇가지를 쓰러뜨린 유아에게 벌칙을 준다.

모래 음식 만들기

7 모래 놀이

대 상 3, 4세 유아

목 표
- 모래의 특성을 이해한다.
- 소근육 운동능력이 발달한다.
- 상상력이 발달한다.

놀잇감 체나 조리, 숟가락, 계량컵, 모양 찍기 틀, 깡통, 플라스틱 칼, 알루미늄 접시, 아이스크림 통, 쟁반, 상, 나뭇잎, 작은 돌멩이

놀이방법
1. 모래를 이용하여 다양한 음식을 만들어 본다.
   - 무엇을 만들까?
   - 모래를 체에 넣고 흔들어보자.
   - 모래에 물을 넣으니까 어떻게 되었니?
   - 과자나 떡을 만들려면 어떻게 해야 할까?
2. 젖은 모래를 모양 찍기 틀로 찍어서 여러 형태의 과자나 떡을 만든다.
   - 어떤 모양이 만들어졌니?
   - 무슨 떡이라고 할까?
3. 젖은 모래를 커다란 그릇에 담고 손으로 잘 누른 후 쟁반에 쏟아서 케이크나 피자를 만든다. 나뭇잎이나 작은 돌멩이로 장식한다.

참 고
- 만든 음식으로 음식점 놀이를 하거나 생일잔치 놀이를 한다.
- 젖은 모래로 만든 음식이 시간이 지난 후 어떻게 변화되는지 살펴본다.

쌀가게 놀이

7 모래 놀이

대 상 3, 4세 유아

목 표
- 도구의 기능을 이해한다.
- 다양한 감각경험을 한다.
- 상상력이 발달한다.

놀잇감 다양한 굵기의 체, 저울, 깡통, 계량컵, 깔때기, 비닐봉지, 종이 돈

놀이방법
1. 다양한 굵기의 체를 살펴본다.
   – 이것을 본적이 있니?
   – 어떻게 사용하는 걸까?
2. 모래를 체로 걸러서 고운 모래를 만든다.
   – 모래를 체에 놓고 흔드니까 어떻게 되니?
   – 어떤 체에서 고운 모래가 나오니?
3. 모래의 굵기에 따라 고운 모래, 굵은 모래를 구분해서 통에 담는다.
   – 고운 모래를 무엇이라고 할까?
   – 굵은 모래는 콩이라고 할까?
4. 쌀과 콩, 팥을 파는 가게놀이를 한다.
   – 저울로 쌀 무게를 달아서 팔자.
   – 쌀 사러 왔어요.

참 고 친구에게 모래를 뿌리지 않도록 주의시키며, 모래 놀이 후 손과 옷, 신발 속의 모래를 털어내도록 지도한다.

모래 동산 만들기

7 모래 놀이

대 상 3, 4세 유아

목 표
- 입체구성 능력이 발달한다.
- 친구와 협동하는 경험을 한다.
- 다양한 감각경험을 한다.

놀잇감 모종삽, 나뭇가지, 풀, 작은 돌멩이나 조개껍질, 아이스케이크 막대기, 비닐

놀이방법
1. 모래에 물을 뿌린다.
   - 모래에 물을 뿌리니까 어떻게 되었니?
   - 젖은 모래를 만져보니 어떤 느낌이니?
   - 마른 모래와 어떤 점이 다르니?
2. 모래를 산같이 높게 쌓는다.
   - 모래 동산을 어떻게 만들까?
   - 높게 쌓아보자.
3. 모래 동산에 나뭇가지를 꽂거나 돌멩이, 조개껍질 등을 놓아서 꾸민다.
   - 모래 산에 수풀이 우거진 것처럼 꾸미려면 어떻게 해야 할까?
4. 개울이나 계곡을 만든다.
   - 개울을 만들려면 무엇이 필요하니?
   - 비닐을 깔고 물을 넣으면 어떻게 될까?

참 고 놀이가 끝난 후에 놀잇감을 잘 정리하고 이물질(돌멩이나 막대기 등)을 제거한다.

모래 위에 글자 쓰기

7 모래 놀이

대 상 4, 5세 유아

목 표
- 창의적 표현력이 발달한다.
- 숫자나 글자 쓰기에 관심을 갖는다.
- 모래의 특성을 이해한다.

놀잇감 나무젓가락, 나뭇가지, 블록

놀이방법
1. 모래에 물을 뿌리고 손바닥으로 두드려서 편편하게 만든다.
   - 모래를 편편하게 만들려면 어떻게 해야 할까?
2. 모래 위에 나뭇가지나 블록으로 그림을 그리거나 숫자, 글자를 쓴다.
   - 나뭇가지로 모래를 긁으니 어떤 자국이 생겼니?
   - 모래 위에 그림을 그리려면 무엇이 필요할까?
   - ○○야, 무슨 그림을 그렸니?
3. 다 쓴 후에는 손바닥으로 지우고 다시 쓴다.
   - 모래 위에 글자를 쓰면 좋은 점이 무엇일까?
   - 손바닥으로 모래를 문지르니까 그림이 어떻게 되니?
   - 또 어떤 글자를 써볼까?

참 고
- 교사는 모래 속에 유리조각처럼 위험한 물건이 없는지 미리 살펴본다.
- 손바닥이나 발바닥을 이용해서 젖은 모래 바닥에 모양 찍기를 할 수도 있다.

우리 동네 꾸미기

7 모래 놀이

대 상 4, 5세 유아

목 표
- 공간 지각 및 입체 구성력이 발달한다.
- 소근육 운동능력을 기른다.
- 놀이를 하면서 협동심을 기른다.

놀잇감 나무토막, 단위블록이나 우유갑, 나뭇가지, 아이스케이크 막대기, 소형 자동차, 신호등, 교통신호 표지판, 나무 · 사람 모형

사전활동 동네 견학을 다녀온다.

놀이방법
1. 우리 동네에 대해 이야기를 나누고 우리 동네를 어떻게 만들지 계획한다.
   - 우리 동네에는 무엇이 있니?
   - 길은 어떻게 생겼니?
   - 우리 동네를 만들려면 어떻게 해야 할까?
   - 건물은 무엇으로 만들면 좋을까?
2. 나무토막으로 모래를 밀어서 길을 만든다.
   - 길가의 가로수는 무엇으로 만들면 좋을까?
3. 단위블록이나 우유갑으로 건물을 세운다.
   - 무엇으로 병원 건물을 만들어 볼까?
4. 길에 신호등과 교통신호 표지판을 세우고 소형 자동차를 놓는다.
   - 신호등을 어디에 세울까?

참 고 사람 모형과 소형 자동차를 가지고 역할놀이를 한다.

연못 만들기

7 모래 놀이

대 상 4, 5세 유아

목 표
- 협동심을 기른다.
- 창의적 구성능력이 발달한다.
- 방수의 개념을 이해한다.

놀잇감 작은 비닐봉지, 두꺼운 비닐지(1×1m), 모종삽, 나뭇가지, 풀, 돌멩이

놀이방법

1. 3~4명의 유아들과 모래밭에 연못을 만드는 방법에 대해 생각한다.
   - 연못을 만들려면 어떻게 해야 하나?
   - 물이 새어 나가지 않게 하는 방법이 있을까?
2. 삽으로 모래를 파고 두꺼운 비닐지를 깐다.
   - 얼마나 깊게 팔까?
   - 비닐을 깔고 물을 부으면 어떻게 될까?
   - 왜 물이 새어 나가지 않을까?
3. 작은 비닐봉지에 모래를 담아서 연못 테두리에 쌓는다.
   - 왜 둑이 필요할까?
   - 무엇으로 둑을 만들까?
4. 연못이 완성되면 물을 넣고 주변을 돌멩이나 나뭇가지와 풀로 꾸민다.
   - 돌멩이를 어디에 놓으면 멋있을까?

참 고 종이배를 접어서 연못에 띄운다.

수로공사 놀이

7 모래 놀이

대 상 4, 5세 유아

목 표
- 상상력이 발달한다.
- 대근육 운동능력을 기른다.
- 물의 흐름을 이해한다

놀잇감 PVC관, 삽, 장난감 덤프트럭과 포클레인, 장화, 안전 모자(플라스틱 바가지 사용)

놀이방법
1. PVC관을 살펴본다.
   - 어디에 쓰는 것일까?
   - 이것을 가지고 어떤 놀이를 할 수 있을까?
2. 장화와 안전 모자를 쓰고 수로공사 놀이를 한다.
   - 장화와 안전 모자는 왜 써야 할까?
   - 모래밭에 물이 흐르는 길을 만들어 보자.
3. 장난감 포클레인으로 모래를 판다.
   - PVC관을 묻으려면 모래를 얼마나 깊게 팔까?
   - 파낸 모래는 어떻게 하지?
4. 여러 형태의 PVC관을 연결하여 수로를 만든다.
   - 물이 여러 군데로 흐르게 하려면 어떻게 할까?
5. PVC관에 수돗물을 연결하여 수로를 만든다.
   - 물이 어떻게 흘러가니?

참 고 PVC관 대신 우유갑을 사용할 수 있다.

터널 파기

7 모래 놀이

대 상 4, 5세 유아

목 표
- 소근육 운동능력을 기른다.
- 공간지각 능력이 발달한다.
- 문제해결 능력이 발달한다.

놀잇감 우유갑이나 깡통(윗면과 바닥면을 잘라냄), 삽, 소형 자동차

놀이방법
1. 터널 만드는 방법에 대해 이야기한다.
   - 땅 속에 길을 만들려면 어떻게 할까?
   - 지하터널을 어떤 모양으로 만들까?
   - 터널이 무너지지 않게 하려면 어떻게 해야 할까?
2. 삽으로 흙을 파고 우유갑이나 깡통을 여러 개 연결하여 묻고 그 위에 흙을 덮는다.
   - 얼마나 긴 터널을 만들까?
   - 터널 이름을 무엇이라고 할까?
3. 터널을 만든 후에 자동차 놀이를 한다.

참 고
- 터널을 파기 전에 설계도를 만들어서 놀이를 할 수 있다.
- 모래가 날리지 않도록 물뿌리개로 물을 뿌리고 터널 파기를 한다.

모래 무게 달기

7 모래 놀이

대 상 5세 유아

목 표
- 저울의 기능을 이해한다.
- 탐구능력을 기른다.
- 놀이를 하면서 만족감을 느낀다.

놀잇감 접시저울, 양팔저울, 우유갑 여러 개, 깡통, 계량컵

놀이방법

1. 접시저울과 양팔저울을 보면서 사용법을 알아본다.
   – 이것을 본 적이 있니?
   – 어떻게 사용하는 것일까?
2. 모래를 계량컵에 담아서 우유갑이나 깡통에 담는다.
   – 우유갑에는 모래가 몇 컵 들어갔니?
   – 깡통에 모래가 몇 컵 들어갔니?
   – 어느 것에 모래가 더 들어갔니?
3. 접시저울에 모래 담은 우유갑을 1개, 2개 얹어서 무게를 단다.
   – 바늘이 어떻게 움직이니?
4. 양팔저울의 한쪽에는 모래 담은 큰 우유갑 1개, 다른 쪽에는 작은 우유갑 2개를 올려놓고 기울기의 변화를 관찰한다.
   – 양팔저울이 어떻게 될까?
   – 어느 쪽이 더 무거울까?

작은 정원 꾸미기

7 모래 놀이

대 상 5세 유아

목 표
- 모래의 특성을 안다.
- 입체 구성력 및 창의적 표현력을 기른다.
- 놀이를 하면서 만족감을 느낀다.

놀잇감 모래, 쟁반이나 화분받침, 나뭇가지, 나뭇잎, 잡초, 조약돌, 작은 알루미늄 접시, 플라스틱 끼우기 블록, 모형 동물과 사람

놀이방법
1. 정원 만들기를 계획한다.
   - 어떤 정원을 만들까?
   - 정원에 무엇이 있으면 좋겠니?
2. 정원을 만들기 위해 쟁반에 모래를 담는다.
   - 쟁반에 작은 정원을 만들자.
   - 언덕처럼 만들려면 어떻게 할까?
3. 플라스틱 끼우기 블록으로 집을 만들어 적절한 곳에 배치한다.
   - 어떤 모양의 집을 만들까?
4. 작은 알루미늄 접시에 물을 담아 연못을 만든다.
   - 정원에 연못이 있으면 좋겠는데 어떻게 만들까?
5. 나뭇가지를 꽂고 조약돌을 놓아 정원을 꾸미고 모형 동물이나 모형 사람을 적절한 곳에 배치하고 놀이를 한다.
   - 나무를 어디에 심을까?

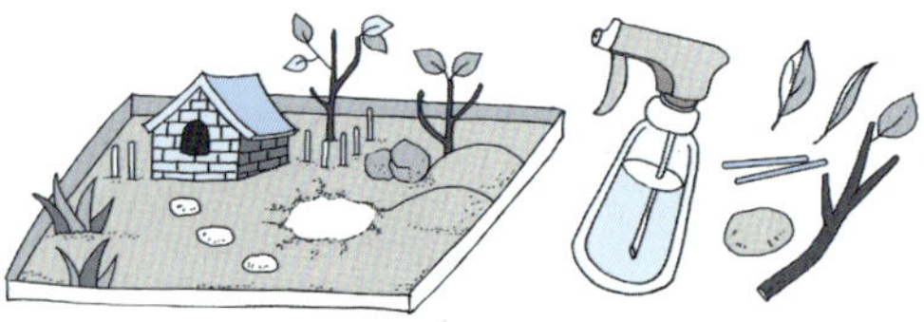

참 고
- 2, 3명의 유아가 협동해서 정원 꾸미기를 하도록 지도한다.
- 유아들이 만든 정원을 모아서 전시한다.

목공놀이 용품 탐색하기

8 목공놀이

대 상 3, 4세 유아

목 표
- 목공 도구를 탐색한다.
- 분류능력이 발달한다.
- 집중하는 능력을 기른다.

놀잇감 다양한 크기의 못과 나사, 망치, 톱, 나무토막, 아이스케이크 막대기, 나무젓가락

놀이방법
1. 다양한 크기의 나무토막과 목공놀이 도구를 살펴본다.
   - 이런 것들을 본 적이 있니?
   - 어떤 것들이 있니?
   - 어떻게 사용하는 것일까?
   - 이름은 무엇일까?
2. 목공놀이 용품을 다양한 방법으로 탐색한다.
   - 못을 크기 순서대로 놓아보자.
   - 쇠로 만들어진 물건을 찾아볼까?
   - 나무를 만졌을 때와 쇠를 만졌을 때 느낌이 어떻게 다르니?
3. 목공 도구를 사용할 때 주의할 점을 이야기한다.
   - 망치는 어떻게 사용해야 안전할까?
   - 사용한 후에는 어떻게 할까?

리듬 막대 만들기

8 목공놀이

대 상 4세 유아

목 표
- 눈과 손의 협응능력이 발달한다.
- 다양한 촉감을 경험한다.
- 성취감을 느낀다.

놀잇감 긴 나무막대(길이 20~30㎝ 정도) 2개, 모래 종이, 올리브 기름이나 들기름, 마른 수건

놀이방법
1. 나무막대 2개로 악기 만드는 방법을 생각한다.
   - 나무막대로 어떻게 하면 소리가 날까?
2. 리듬 막대를 만들기 위해 나무표면을 다듬자고 제안한다.
   - 나무표면을 매끄럽게 하려면 어떻게 할까?
   - 무엇으로 문지를까?
   - 이런 종이를 본적이 있니?
   - 종이표면을 만져보자. 어떤 느낌이 드니?
3. 모래 종이로 나무막대를 문지르면서 변화를 관찰한다.
   - 모래 종이로 나무막대를 문지르니까 어떻게 되었니?

4. 마른 수건으로 닦아낸 후, 올리브 기름이나 들기름을 수건에 묻혀서 문지른다.
   - 기름을 바르니 나무표면이 어떻게 되었어?
5. 노래를 부르며 박자에 맞추어서 리듬 막대를 두드려본다.
   - 노래에 맞추어 리듬 막대를 두드려보자.

벽화 꾸미기

8 목공놀이

대 상 4, 5세 유아

목 표
- 창의적으로 구성하는 능력을 기른다.
- 친구와 협력하는 경험을 한다.
- 호기심을 가지고 탐색한다.

놀잇감 다양한 형태와 크기의 스티로폼 조각, 커다란 종이, 이쑤시개, 빨대, 색종이, 스티로폼용 접착제, 면봉, 나무젓가락, 종이컵

놀이방법
1. 유아 3~4명과 함께 스티로폼 조각을 살펴본다.
   - 이것을 본 적이 있니?
   - 만지니까 어떤 느낌이니?
   - 이것으로 무엇을 할 수 있을까?
2. 빨대, 이쑤시개, 색종이 등을 스티로폼 조각에 붙여서 장식을 한다.
   - 스티로폼에 이쑤시개를 꽂을 수 있을까?
   - 이쑤시개를 꽂으니까 어떠니?
3. 벽에 붙여 놓은 커다란 종이에 스티로폼 조각을 붙여서 벽화를 만든다.
   - 이 종이에 스티로폼 조각을 붙여서 벽화를 만들어 보자
   - 스티로폼 조각을 종이에 붙이려면 무엇이 필요할까?
   - 어떤 모양을 만들지 친구와 의논해 보자.
4. 벽화가 완성된 후 제목을 붙여본다.
   - 벽화 제목을 뭐라고 할까?

모루작품 만들기

8 목공놀이

대 상 4, 5세 유아

목 표
- 입체 구성력을 기른다.
- 친구와 협동하는 경험을 한다.
- 성취감을 느낀다.

놀잇감 직육면체의 스티로폼 판, 모루, 은박지, 색종이, 털실

놀이방법
1. 유아와 함께 준비된 자료를 살펴본다.
   - 어떤 것들이 있니?
   - 모루를 구부려 볼까?
   - 어떤 모양이 되었니?
   - 털실은 어떻게 사용할까?
2. 스티로폼 판에 모루를 꽂아서 다양한 조형물 만드는 방법을 의논한다.
   - 모루를 스티로폼 판에 꽂을 수 있을까?
   - 모루로 어떤 모양을 만들까?
3. 의논한 대로 구성물을 만든다.
   - 모루로 별모양을 만들 수 있니?
   - 색종이나 털실도 붙여볼까?
   - ㅇㅇ는 은박지를 붙여서 장식을 했구나.
   - 이 작품의 이름을 무엇이라고 할까?

참 고 3~5명의 유아가 커다란 스티로폼 판에 공동작업으로 구성물을 만들 수도 있다.

무지개색 사다리 만들기

8 목공놀이

대 상 4, 5세 유아

목 표
- 소근육 운동능력이 발달한다.
- 다양한 자료를 탐색하는 능력을 기른다.
- 입체 구성력을 기른다

놀잇감 나무젓가락 2개, 아이스케이크 막대기 6~7개, 접착제, 면봉, 사인펜이나 매직펜, 순서 카드

① 아이스케이크 막대기를 사인펜으로 색칠한다.

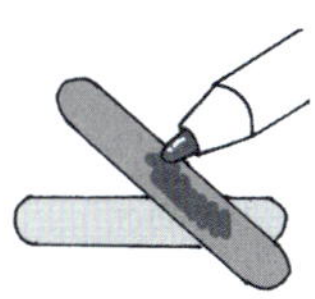

② 나무젓가락 2개를 나란히 늘어놓는다.

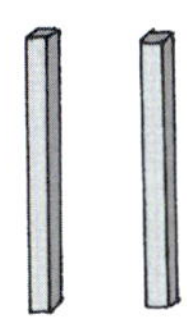

③ 나무젓가락 사이에 아이스케이크 막대기를 붙여 사다리를 만든다.

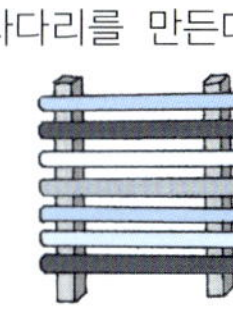

놀이방법

1. 순서 카드를 보면서 사다리 만드는 법에 대해 함께 알아본다.
   - 높은 곳에 올라가는 데 필요한 것이 무엇이니?
   - 사다리는 어떤 모양이니?
   - 순서 카드를 보면서 만드는 방법을 살펴볼까?
2. 아이스케이크 막대기에 사인펜으로 색칠을 한다.
   - 무지개색 사다리를 만들려면 어떤 색깔을 칠해야 할까?
3. 나무젓가락 2개를 나란히 늘어놓고 그 사이에 아이스케이크 막대기를 붙여서 사다리를 만든다.
   - 사다리 모양같이 붙이려면 어떻게 할까?
   - 접착제는 어떻게 사용해야 할까?
   - ○○야, 이번에는 어떤 색 막대기를 붙일까?

참 고 접착제는 면봉에 적당량을 발라서 사용하도록 한다.

통나무집 만들기

8 목공놀이

대 상 4, 5세 유아

목 표
- 집의 구조를 이해한다.
- 집중하는 능력을 기른다.
- 소근육 운동능력이 발달한다.

놀잇감 우유갑, 아이스케이크 막대기 여러 개, 접착제, 면봉, 색종이, 가위

놀이방법
1. 우유갑과 아이스케이크 막대기를 가지고 통나무집 만드는 방법을 생각해 본다.
   - 통나무집을 본 적이 있니?
   - 우유갑을 통나무집처럼 꾸미려면 어떻게 해야 할까?
   - 무엇이 필요하니?
2. 아이스케이크 막대기를 우유갑에 붙인다.
   - 막대기를 우유갑에 어떻게 붙일까?
   - 접착제는 어떻게 사용할까?
   - 지붕에는 막대기를 어떻게 붙일까?
3. 색종이로 통나무집의 문과 창문, 굴뚝을 꾸민다.
   - 어떤 모양의 창문을 만들까?
   - 굴뚝은 어떻게 만들까?
   - ○○는 문을 잘 오려 붙였구나.

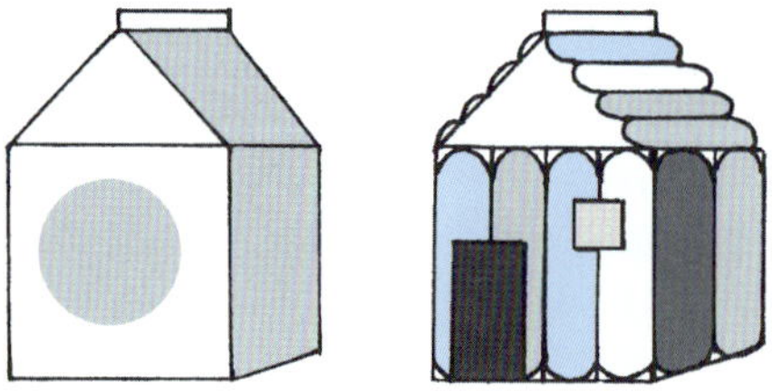

참 고 2, 3층짜리 통나무집을 만들려면 주스 팩을 사용한다.

나무토막 자동차

8 목공놀이

대 상 4, 5세 유아

목 표
- 창의적인 구성능력을 기른다.
- 문제해결 능력이 발달한다.
- 자동차의 구조에 관심을 갖는다.

놀잇감 여러 형태의 나무토막, 요구르트 통, 다양한 뚜껑, 단추, 접착제, 면봉

놀이방법
1. 유아가 만들고 싶은 자동차 모양을 계획한다.
   - ○○는 어떤 자동차를 좋아하니?
   - 어떤 자동차를 만들어 볼까?
2. 자동차 특징에 대해 생각한다.
   - 운전대는 어떤 모양이니?
   - 자동차 바퀴는 몇 개니?
   - 자동차 모양을 어떻게 만들까?
3. 적절한 자료를 골라서 자동차를 만든다.
   - 어떤 나무토막으로 자동차를 만들까?
   - 바퀴는 무엇으로 만들까?
   - 바퀴를 어디에 붙일까?
   - 접착제는 어떻게 사용할까?

참 고 나무토막 자동차를 만들고 포스터물감으로 칠을 하여 완성한다.

거미줄 만들기

8 목공놀이

대 상 4, 5세 유아

목 표
- 소근육 운동능력을 기른다.
- 집중하는 능력을 기른다.
- 도구를 안전하게 사용하는 능력을 기른다.

놀잇감 나무판, 못, 망치, 끈

놀이방법
1. 거미줄 모양에 대해 이야기를 나눈다.
   - 거미줄을 본 적이 있니?
   - 거미줄 모양이 어떻게 생겼니?
2. 거미줄 만드는 방법을 계획한다.
   - 거미줄을 무엇으로 만들까?
   - 어떻게 만들어야 진짜 거미줄처럼 보일까?
3. 나무판에 여러 개의 못을 박는다.
   - 거미줄을 만들려면 어디에 못을 박아야 할까?
   - 망치질은 어떻게 할까?
4. 끈을 못에 연결하여 거미줄을 만든다.
   - 끈을 거미줄이라고 생각하고 못에 연결해 보자.
5. 끈을 여러 가지 방법으로 연결하여 다양한 모양의 거미줄을 만든다.
   - 네모 모양의 거미줄이 되었네.

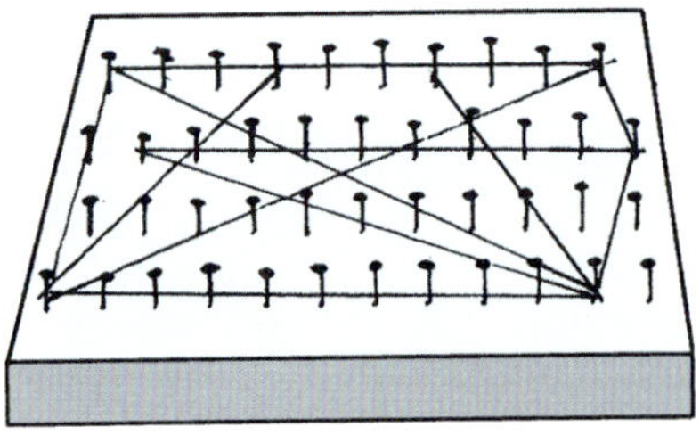

참 고
- 끈의 색깔을 다양하게 제공하여 색 거미줄을 만든다.
- 못은 머리가 둥글넓적하고 끝이 뾰족해야 잘 박힌다.

배 만들기

8 목공놀이

대 상 4, 5세 유아

목 표
- 나무의 특성을 이해한다.
- 눈과 손의 협응력을 기른다.
- 창의성이 발달한다.

놀잇감 다양한 형태의 나뭇조각, 못, 망치, 접착제, 면봉, 가위, 색종이, 헝겊 조각, 여러 형태의 배 사진이나 그림

놀이방법
1. 유아들과 함께 다양한 배 사진이나 그림을 본다.
   - 배 모양이 어떠니?
   - 이 배에는 돛대도 있네.
2. 배 만드는 방법에 대해 이야기를 나눈다.
   - 어떤 모양의 배를 만들고 싶니?
   - 배를 만들려면 어떻게 해야 할까?
3. 큰 나뭇조각 위에 작은 나뭇조각을 못질하거나 접착제로 붙여서 배 모양을 만든다.
   - 배 만들 나뭇조각을 찾아보자.
   - 긴 배를 만들려면 어떤 나뭇조각이 필요할까?
   - 큰 나무토막에 작은 나무토막을 어떻게 붙일 수 있을까?
4. 헝겊 조각이나 색종이로 깃발을 만든다.
   - 깃발을 어디에 붙일까?

참 고
- 나뭇조각은 무른 종류(백송, 미루나무, 참피나무 등)를 제공한다.
- 배를 물에 띄워 본다.

비행기 만들기

8 목공놀이

대 상 4, 5세 유아

목 표
- 눈과 손의 협응력이 발달한다.
- 입체구성 능력이 발달한다.
- 일의 순서를 이해한다.

놀잇감 길이가 각기 다른 나뭇조각 3개, 못, 망치, 사인펜이나 매직펜, 색종이, 가위, 순서 카드

① 어떤 모양의 비행기를 만들 것인지 생각한다.

② 나뭇조각 3개를 못으로 박아 비행기를 만든다.

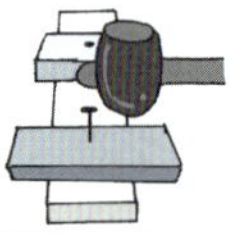

③ 사인펜이나 색종이로 비행기를 장식한다.

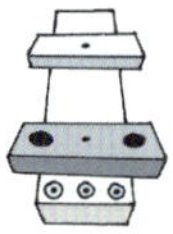

놀이방법
1. 준비된 자료와 순서 카드를 보면서 비행기 만드는 방법을 알아본다.
   - 순서 카드를 보면서 비행기를 만들어 보자.
   - 비행기를 만들려면 제일 먼저 무엇을 해야 할까?
   - ○○야, 어떻게 알았니?
   - 그래, 1번 카드를 보고 알았구나.
2. 나뭇조각 3개를 못으로 박아서 비행기를 만든다.
   - 그 다음에는 몇 번 카드를 보면 만드는 방법을 알 수 있을까?
   - 비행기 날개는 어떤 나무토막으로 만들까?
   - 망치는 어떻게 사용할까?
3. 사인펜이나 색종이, 다양한 만들기 재료(빨대, 반짝이, 은박지, 단추 등)를 이용하여 비행기를 장식한다.
   - 무엇으로 비행기를 꾸며볼까?

톱질하기

8 목공놀이

대 상 4, 5세 유아

목 표
- 도구를 안전하게 사용하는 능력을 기른다.
- 성취감을 느낀다.
- 눈과 손의 협응력을 기른다.

놀잇감 나뭇조각, 스티로폼 조각, 톱, 바이스(vise) 또는 크램프(clamp), 비누

놀이방법
1. 톱과 바이스, 크램프를 살펴본다.
   - 이런 도구를 본 적이 있니?
   - 이 도구의 이름은 무엇일까?
   - 어떻게 사용할까?
2. 톱으로 스티로폼 조각을 자른다.
   - 스티로폼을 톱으로 잘라보니까 어떠니?
   - 왜 스티로폼 부스러기가 톱에 붙을까?
   - 스티로폼 부스러기가 붙지 않게 하는 방법이 있을까?
3. 톱날에 비누칠을 하고 톱질한다.
   - 선생님이 톱날에 비누칠을 했어.
   - 이 톱으로 자르니까 스티로폼 부스러기가 어떻게 되니?
4. 바이스로 나뭇조각을 고정시키고 톱질한다.
   - 이번에는 톱으로 나무토막을 잘라보자.
   - 무엇으로 나무토막이 움직이지 않게 고정시킬까?
   - 스티로폼을 톱질할 때와 어떤 점이 다르니?

참 고 톱질을 할 때는 바이스나 크램프로 나무를 고정시킨 후, 나무판과 톱이 직각이 되도록 톱질을 한다.

주걱 악기 만들기

8 목공놀이

대 상 4, 5세 유아

목 표
- 도구를 안전하게 사용하는 능력을 기른다.
- 소근육 운동능력을 기른다.
- 성취감을 느낀다.

놀잇감 나무주걱, 방울 3~4개, 끈, 드릴, 유성 매직펜

놀이방법
1. 주걱으로 방울 악기 만드는 법을 생각해 본다.
   - 주걱과 방울로 악기를 만들 수 있을까?
   - 방울을 어떻게 달 수 있을까?
   - 무엇으로 구멍을 뚫을까?
2. 주걱에 드릴로 구멍을 3~4개 뚫는다.
   - 드릴을 본 적이 있니?
   - 어떻게 사용해야 할까?
   - ○○야, 구멍을 몇 개 뚫을까?
3. 주걱에 유성 사인펜으로 그림을 그려 꾸민다.
   - 주걱을 예쁘게 꾸며보자.
   - 어떤 그림을 그릴까?
4. 방울을 구멍에 매달고 흔들어서 연주를 한다.
   - 방울 소리가 어떠니?
   - 더 빨리 흔들어보자.

참 고
- 드릴을 처음 사용하는 유아는 교사가 드릴 손잡이를 잡아서 도와준다.
- 어린 유아를 위해 사전에 교사가 나무주걱에 구멍을 뚫어 제공한다.

앉은뱅이

9 전래놀이

대 상 3세 유아

목 표
- 신체조절 능력과 균형감을 기른다.
- 대근육 운동능력이 발달한다.
- 게임의 규칙을 이해한다.

놀잇감 없음

놀이방법

1. 술래를 정한다.
   - 누가 술래를 할까?
   - 술래를 하고 싶어하는 친구들이 많네.
   - 어떤 방법으로 술래를 정할까?
2. 유아들이 도망 다니면 술래는 잡으러 다닌다.
   - 술래는 어떻게 해야 친구를 빨리 잡을 수 있을까?
3. 술래가 가까이 왔을 때 '앉은뱅이' 라고 소리치며 제자리에 앉으면 잡지 못한다.
   - 술래에게 잡히지 않으려면 어떻게 해야 할까?
   - ○○가 '앉은뱅이' 라고 외쳐서 잡을 수 없지?
4. 술래에게 잡힌 유아가 그 다음 술래가 된다.
   - ○○가 술래가 되었네. 잡지 못하게 도망가자.

참 고 술래가 잡으려 할 때 '얼음' 하고 멈추어 서면 술래가 잡지 못하는 '얼음 땡' 놀이도 할 수 있다.

대문놀이

9 전래놀이

대 상 3, 4세 유아

목 표
- 행동의 민첩성을 기른다.
- 게임의 규칙을 이해한다.
- 전래놀이에 관심을 갖는다.

놀잇감 없음

놀이방법
1. 술래 2명이 손을 마주 잡고 올려서 대문을 만든다.
   - 술레 두 명이 대문 모양을 만들려면 손을 어떻게 해야 할까?
   - 대문 닫는 모습은 어떻게 표현할까?
   - 다른 친구들은 대문으로 지나가 보자.
2. 유아들이 한 줄로 서서 앞 친구의 허리를 잡고 '동대문 놀이' 노래를 부르며 대문을 통과한다.

   동동 동대문을 열어라
   남남 남대문을 열어라
   열두시가 되면 문을 닫는다.

3. '문을 닫는다' 에서 술래가 손을 내려 문을 닫으면 문에 갇힌 유아가 술래가 된다.
   - 대문에 갇히지 않으려면 어떻게 해야 할까?
   - 누가 갇혔니?

참 고
- 놀이에 참여하는 유아가 많을 경우, 대문을 여러 개 만들 수 있다.
- 다 같이 노래를 부르면서 질서를 지켜 한 줄로 이동하도록 한다.

여우야 여우야 뭐하니?

9 전래놀이

대 상 3, 4세 유아

목 표
- 행동의 민첩성을 기른다.
- 게임의 규칙을 이해한다.
- 친구와 노래를 주고받는 즐거움을 맛본다.

놀잇감 없음

놀이방법
1. 가위 바위 보를 해서 여우를 정한다.
   - 누가 여우를 할까?
   - 어떻게 정할까?
2. 출발선에서 4~5m 떨어진 곳에 여우집을 정하고, 여우가 된 유아는 그곳에 쪼그려 앉는다.
3. 유아들이 노래를 부르며 출발선에서 출발하여 여우 집으로 다가간다.

   한 고개 넘어서 아이고 다리야.
   두 고개 넘어서 아이고 다리야.
   세 고개 넘어서 아이고 다리야.

4. 유아들과 여우가 노래를 주고받는다.

여우야 여우야 뭐하니?	잠잔다.
잠꾸러기	
여우야 여우야 뭐하니?	세수한다.
멋쟁이	
여우야 여우야 뭐하니?	밥 먹는다.
무슨 반찬?	개구리 반찬
죽었니? 살았니?	죽었다 (유아들이 정지한다)
	살았다 (유아들이 도망간다)

5. 도망가다가 여우에게 잡힌 유아가 여우가 되어 게임을 계속한다.

참 고 참여 유아 수가 많은 경우, 여우를 여러 명이 할 수 있다.

우리 집에 왜 왔니?

9 전래놀이

대 상 4, 5세 유아

목 표
- 친구와 협력하는 태도를 기른다.
- 언어 표현력을 기른다.
- 게임의 규칙을 이해한다.

놀잇감 없음

놀이방법

1. 놀이를 하기 위해 두 팀으로 나눈다.
   - 두 팀으로 나누려면 몇 명씩 나누어야 할까?
   - 팀 이름을 무엇으로 정할까?
   - 무슨 꽃 이름으로 정할까?
2. 중앙선을 가운데 두고 두 팀이 마주 보고 선다.
   - 두 팀이 마주 보도록 서 볼까?
   - 얼마만큼 떨어져 설까?
3. 두 팀이 번갈아 노래를 부르면서 손을 맞잡고 중앙선으로 다가간다. 한 팀이 중앙선으로 다가가면 다른 팀은 뒷걸음을 치며 물러난다.

• 무궁화 팀
우리 집에 왜 왔니 왜 왔니 왜 왔니?
무슨 꽃을 찾으러 왔느냐 왔느냐

• 진달래 팀
꽃 찾으러 왔단다 왔단다 왔단다
○○꽃을 찾으러 왔단다 왔단다 왔단다
(○○는 무궁화 팀의 유아 이름)

4. 진달래 팀의 한 유아와 ○○꽃이라고 이름이 불려진 무궁화팀 유아가 마주 보고 서서 가위 바위 보를 한다.
   - 누가 이겼니?
   - ○○가 졌구나. 진 사람을 이긴 사람 편으로 데려가자.
5. 이와 같이 놀이를 계속해서 유아를 많이 데려간 팀이 이긴다.
   - 어느 팀이 친구를 많이 데리고 왔니?

수건돌리기

9 전래놀이

대 상 4, 5세 유아

목 표
- 순발력을 기른다.
- 게임의 규칙을 이해하고 지킨다.
- 전통놀이를 즐긴다.

놀잇감 손수건

놀이방법

1. 손수건 돌리기 게임을 하자고 제안한다.
   - 손수건을 돌리고 찾는 놀이를 해 보자.
2. 유아들이 둥글게 원형으로 앉고 술래를 정한다.
   - 누가 술래를 할까?
3. 술래는 수건을 들고 유아들 뒤로 돌다가 한 유아의 등 뒤에 수건을 내려놓는다.
   - 누구 등 뒤에 수건을 살짝 내려놓을까?
   - 내 등 뒤에 수건이 떨어졌는지 어떻게 알 수 있니?
4. 손으로 등 뒤를 더듬어서 수건을 집은 유아는 술래를 잡으러 뒤쫓아 간다. 술래는 잡히기 전에 재빨리 그 유아의 자리로 와서 앉는다.
   - ㅇㅇ가 빨리 술래를 쫓아가는 구나.
5. 등 뒤에 수건이 있는지 모르고 앉아 있다가 잡힌 유아나 수건을 들고 뒤따라온 유아에게 잡힌 술래는 벌칙을 받는다.
   - 어떤 벌칙을 줄까?

팔씨름

9 전래놀이

대 상 4, 5세 유아

목 표
- 팔의 근력을 기른다.
- 지구력을 기른다.
- 전통놀이를 즐긴다.

놀잇감 책상, 의자

놀이방법
1. 팔씨름 방법에 대해 이야기한다.
   - 누가 팔 힘이 센지 알아볼까?
   - 팔씨름을 해본 적이 있니?
   - 어떻게 하는 것이니?
   - 몇 명이 하는 게임이니?
2. 두 명의 유아가 마주 보고 앉아 팔씨름을 한다.
   - 팔꿈치를 책상에 대고 친구의 손을 잡아보자.
   - '시작' 신호가 나면 손에 힘을 주어 친구 손을 쓰러뜨려 보자.
   - 와, ○○가 열심히 하고 있구나.
   - 누구의 손등이 먼저 책상에 닿았니?
   - 다음에는 누가 해 볼까?

참 고
- 신호에 맞추어 팔씨름을 공정하게 시작하도록 지도한다.
- 팔씨름의 결과보다는 열심히 참여하는 자세를 격려해 준다.

딱지치기

9 전래놀이

대 상 4, 5세 유아

목 표
- 눈과 손의 협응력 및 신체조절 능력을 기른다.
- 문제 해결력을 기른다.
- 성취감을 갖는다.

놀잇감 딱지

딱지 만들기

준비물 : 헌 달력, 잡지
만드는 법 : 그림 순서대로 딱지를 접는다.

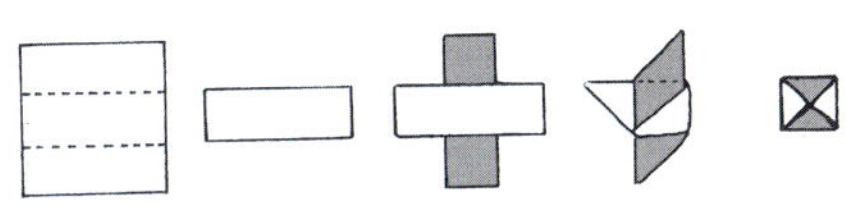

놀이방법

1. 딱지를 보면서 딱지치기에 대해 이야기를 나눈다.
   - 이것은 무엇이니?
   - 딱지치기를 해본 적이 있니?
   - 딱지는 무엇으로 만들었을까?
   - 딱지치기는 어떻게 하는 놀이니?
2. 두 명의 유아가 딱지를 나누어 갖는다.
   - 딱지를 똑같이 나누려면 몇 개씩 가지면 될까?
3. 가위 바위 보에서 진 유아가 딱지를 바닥에 놓으면 이긴 유아가 딱지로 친구의 딱지를 쳐 넘긴다.
   - 어떻게 쳐야 친구의 딱지가 잘 넘어갈까?
   - 옆으로 비스듬히 쳐보자.
4. 딱지를 많이 딴 유아가 이긴다.
   - 딱지를 몇 개씩 땄니?

참 고 유아들이 직접 딱지를 만들어서 놀이한다.

씨 름

9 전래놀이

대 상 4, 5세 유아

목 표
- 신체조절 능력이 발달한다.
- 전통놀이를 즐긴다
- 게임의 규칙을 안다.

놀잇감 청색, 홍색 샅바, 매트, 씨름놀이 사진

놀이방법
1. 씨름 사진을 보며 이야기를 나눈다.
   - 무엇을 하는 것일까?
   - 어떻게 해야 상대편을 쓰러뜨릴 수 있을까?
2. 씨름놀이의 규칙에 대해 설명한다.
   - 씨름은 몇 명이 할까?
   - 씨름을 하려면 무엇이 필요할까?
3. 매트를 깔고 씨름놀이를 준비한다.
   - 누가 씨름을 하겠니?
   - 씨름에 참여할 사람은 어떤 준비를 해야 할까?
   - 심판은 누가 할까?
4. 두 명의 유아가 각각 청색, 홍색 샅바를 매고 씨름을 한다. 교사가 심판이 되어 씨름의 진행을 돕는다.
   - 서로 마주 서서 인사를 하고 상대편의 샅바를 잡고 씨름을 해 보자.
5. 잡은 샅바를 놓치거나 상대방을 쓰러뜨리면 이긴다. 심판은 이긴 유아의 손을 들어 올려 씨름의 결과를 알린다.

참 고
- 넓은 모래밭이 있는 경우, 모래밭에서 씨름을 한다.
- 처음에는 교사가 심판을 하고 익숙해지면 유아가 맡는다

닭싸움

9 전래놀이

대 상 4, 5세 유아

목 표
- 대근육 발달 및 신체 협응력을 기른다.
- 균형감 및 지구력을 기른다.
- 게임의 규칙을 안다.

놀잇감 없음

놀이방법
1. 한쪽 다리를 들어 올려 양손으로 붙잡고 균형을 잡아본다.
   - 한 다리로 서 있으니까 어떠니?
   - 어떻게 해야 넘어지지 않고 잘 서 있을까?
   - 한쪽 다리를 들고 깡충 뛰기를 해 볼까?
   - 이렇게 한쪽 다리를 들고 어떤 놀이를 할 수 있을까?
2. 닭싸움 놀이 규칙에 대해 이야기한다.
   - 닭싸움은 어떻게 하는 것일까?
   - 상대방을 어떻게 밀어낼까?
3. 두 유아가 마주 보고 서서 닭싸움을 한다.
   - 무릎으로 상대방을 밀어보자.
   - 누가 먼저 넘어졌니?

참 고
- 바닥에 원을 그리고 닭싸움을 한다. 상대방을 원 밖으로 밀어내는 유아가 이긴다.
- 2~4명씩 팀을 나누어 닭싸움을 할 수도 있다.

구슬치기

9 전래놀이

대 상 4, 5세 유아

목 표
- 눈과 손의 협응력을 기른다.
- 수 개념이 발달한다.
- 집중력을 기른다.

놀잇감 작은 구슬 20~30개, 큰 구슬(유아 수 만큼), 구슬 놀이판(지름 20~30㎝의 원형 마분지)

놀이방법
1. 구슬을 굴려 보며 탐색한다.
   - 어떻게 생겼니?
   - 만져보니까 어떤 느낌이 드니?
   - 어떻게 움직이니?
   - 구슬로 무엇을 할 수 있을까?
2. 구슬 놀이판 위에 작은 구슬 20~30개를 올려놓는다.
3. 유아들이 큰 구슬을 1개씩 가지고 놀이 순서를 정한다.
4. 큰 구슬을 굴려서 작은 구슬을 원 밖으로 밀어낸 후 원 밖으로 나간 구슬을 갖는다.
   - 어떻게 해야 큰 구슬로 작은 구슬을 잘 맞출 수 있을까?
   - 작은 구슬이 몇 개나 남았니?
5. 작은 구슬을 가장 많이 갖고 있는 유아가 이긴다.
   - 구슬을 몇 개나 가졌니?

참 고
- 난이도 수준을 높이기 위해서 구슬 놀이판을 크게 만들거나 구슬 굴리는 거리를 멀리 할 수 있다.
- 실외에서 놀이할 경우, 구슬 놀이판 대신 땅 위에 원, 세모 등의 그림을 그려서 놀이할 수 있다.

무궁화꽃이 피었습니다

9 전래놀이

대 상 4, 5세 유아

목 표
- 행동의 민첩성과 순발력을 기른다.
- 게임의 규칙을 지킨다.
- 전통놀이를 즐긴다.

놀잇감 없음

놀이방법

1. 술래를 정한다.
   - 어떤 방법으로 술래를 정할까?
2. 술래가 된 유아는 큰 나무나 벽을 보고 서서 눈을 가린다.
   - 술래는 무엇이라고 말하면 되니?
3. 다른 유아들은 4~5m 떨어진 출발선에 선다.
   - 술래가 뒤돌아 볼 때 어떻게 해야 하니?
4. 술래가 '무궁화 꽃이 피었습니다'를 외치는 동안 유아들은 재빨리 술래 쪽으로 다가간다.
5. 술래가 '무궁화 꽃이 피었습니다'를 외치고 뒤돌아보면 움직이던 유아들은 제자리에 선다. 이때 움직이다 술래에게 들켜서 잡힌 유아는 술래의 손을 잡고 서 있는다.
   - 누가 술래에게 들켰니?
6. 술래에게 가까이 다가간 유아가 술래에게 잡힌 유아의 손을 탁 치면 나머지 유아들은 도망간다.
7. 술래는 도망가는 유아들을 쫓아가 잡고 술래에게 잡힌 유아가 그 다음 술래가 된다.

참 고 술래가 '무궁화 꽃이 피었습니다'를 외치는 속도를 빠르거나 느리게 할 수 있다.

제기차기

9 전래놀이

대 상 4, 5세 유아

목 표
- 눈과 발의 협응력을 기른다.
- 신체조절 능력을 기른다.
- 민첩성을 기른다.

놀잇감 제기, 줄, 나무막대

제기 만들기

준비물 : 한지(지름 20㎝ 정도의 원형), 동전, 빵 끈이나 고무줄, 가위

만드는 법 : 원형 한지의 중앙에 동전을 놓고 한지를 오므려서 빵 끈이나 고무줄로 묶는다. 가위로 한지를 가늘게 오려서 술을 만든다.

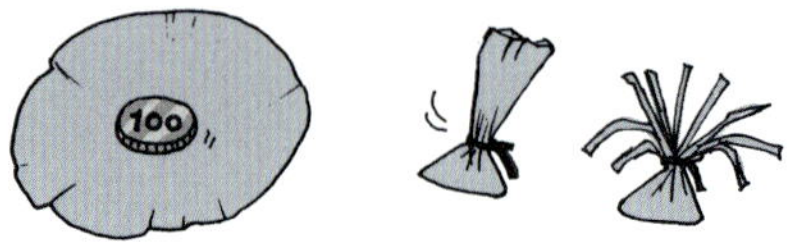

놀이방법

1. 제기를 탐색한다.
   - 이것이 무엇일까?
   - 어떻게 가지고 놀면 좋을까?
2. 제기를 막대에 매달아 발로 찬다.
   - 나무막대에 제기를 줄로 매달고 차보자.
   - 줄의 길이를 얼마나 길게 할까?
   - 몇 번이나 찰 수 있니?
3. 제기를 발로 찬다.
   - 제기를 막대기에 매달지 말고 그대로 차보자.
   - 막대기에 매달아 찰 때하고 어떻게 다르니?

참 고 어린 유아의 경우, 제기를 부채나 책받침 위에 올려놓고 던지고 받는 놀이를 할 수 있다.

윷놀이

9 전래놀이

대 상 4, 5세 유아

목 표
- 소근육 발달 및 손의 조절능력을 기른다.
- 게임의 규칙을 이해한다.
- 전통놀이를 즐긴다.

놀잇감 윷, 윷판, 말

놀이방법

1. 윷과 윷판을 보면서 이야기를 나눈다.
   – 윷이 어떻게 생겼니?
   – 무엇이 표시되어 있니?
   – 윷으로 어떤 놀이를 할 수 있을까?

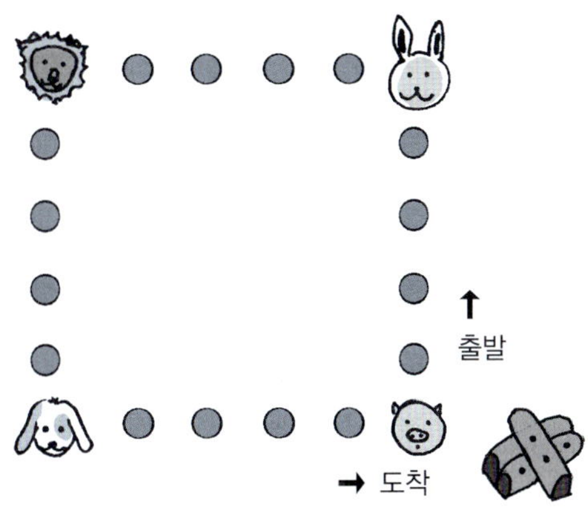

2. 윷놀이 방법에 대해 의논한다.
   – 윷놀이는 어떻게 할까?
3. 놀이 순서를 정하고 말을 나누어 갖는다.
   – 순서를 어떻게 정할까?
   – 말은 몇 개씩 나누어 가질까?
4. 윷을 던져서 나온 까만 점(●)의 개수만큼 말을 옮겨 놓는다.
   – 까만 점이 몇 개이니?
   – 말을 어디에 놓아야 할까?
5. 말이 먼저 들어오는 유아가 이긴다.

참 고 유아들과 의논하여 게임의 규칙을 다양하게 바꿀 수 있다. 예를 들어, 친구의 말이 놓여 있는 칸에 말이 들어가면 친구의 말은 출발점으로 다시 돌아간다.

촉감 카드게임

10 게임

대 상 3세 유아

목 표
- 다양한 촉감을 한다.
- 촉감에 대한 어휘를 안다.
- 탐구력을 기른다.

놀잇감 촉감 그림 카드

놀이방법
1. 유아들과 촉감 그림 카드를 보면서 촉감에 대해 이야기한다.
   – 만지면 느낌이 어떨까?
2. 다양한 촉감경험에 대해 이야기를 나눈다.
   – 거울을 만져본 적이 있니? 어떤 느낌이었니?
   – 만졌을 때 거울 같은 느낌이 드는 것이 또 있을까?
3. 유사한 촉감을 느낄 수 있는 카드를 모아본다.
   – 만져서 부드러운 느낌을 주는 카드만 모아보자.
4. 카드를 가장 많이 모은 유아가 이긴다.

참 고 눈을 가리고 촉감으로 물건을 알아맞히는 게임을 할 수 있다.

종이 목걸이 모으기

10 게 임

대 상 3, 4세 유아

목 표
- 게임의 규칙을 이해한다.
- 민첩성과 순발력을 기른다.
- 친구와 소통하는 능력을 기른다.

놀잇감 색종이 끈을 연결하여 만든 목걸이(유아 당 1개씩)

놀이방법
1. 종이 목걸이를 보면서 게임방법을 의논한다.
   - 이게 무엇일까?
   - 우리 몸의 어디에 걸어 볼까?
   - 목걸이처럼 목에 걸어보자.
   - 목걸이를 많이 모으는 게임을 하려는데 어떤 방법으로 해 볼까?
2. 유아들이 종이 목걸이를 하고 돌아다니다가 친구를 만나면 인사를 하고 '가위 바위 보'를 한다.
   - 어떤 친구와 만났니?
   - '안녕' 인사를 하자.
   - 가위 바위 보!
3. '가위 바위 보'에서 진 유아는 이긴 유아에게 종이 목걸이를 주고 게임에서 빠진다.
   - 누가 이겼니?
   - 진 친구가 이긴 친구에게 목걸이를 걸어주자.
4. 종이 목걸이를 제일 많이 하고 있는 유아가 이긴다.
   - 목걸이가 몇 개니?
   - 누가 제일 많으니?

참 고 종이 목걸이는 다양한 색깔로 유아가 직접 만들어서 사용한다.

깃발게임

10 게 임

대 상 3, 4세 유아

목 표
- 분류 개념이 발달한다.
- 게임규칙을 지키며 놀이한다.
- 민첩하게 행동하는 능력이 발달한다.

놀잇감 빨강, 초록 깃발(유아 1인당 양손에 1개씩), 호루라기

놀이방법
1. 게임 자료를 소개하고 게임방법을 이야기한다.
   - 깃발이 무슨 색깔이니?
   - 깃발을 손으로 들고 어떻게 할 수 있을까?
2. 유아들이 빨강, 초록 깃발을 양손에 하나씩 들고 원형으로 선다.
   - 오른손(왼손)에는 어떤 색 깃발을 들었니?
   - 동그랗게 서 보자.
3. 술래를 정하여 원 가운데에 서게 한다.
   - 누가 술래를 할까?
4. 술래가 호루라기를 불면 술래와 유아들이 동시에 2개의 깃발 가운데 1개를 높이 든다. 술래와 똑같은 색깔의 깃발을 든 유아만 술래 쪽으로 한 발자국 다가간다.
   - 술래가 어떤 색 깃발을 들었니?
   - 누가 술래와 똑같은 색의 깃발을 들었니?
5. 술래에게 제일 먼저 다가간 유아가 다음 술래가 된다.

참 고
- 깃발은 유아들이 직접 만들어서 사용한다.
- 술래와 유아가 동시에 깃발을 드는 규칙을 잘 지키도록 지도한다.

눈 가리고 콩 줍기

10 게 임

대 상 4, 5세 유아

목 표
- 소근육 운동능력이 발달한다.
- 예측능력을 기른다.
- 수 개념이 발달한다.

놀잇감 콩이나 마카로니, 상수리 열매, 그릇, 눈가리개

놀이방법
1. 손으로 콩, 마카로니, 상수리 열매를 만지면서 촉감을 비교한다.
   - 이 열매의 이름은 무엇일까?
   - 모양은 어떻게 다르니?
   - 손으로 만져 보니까 어떤 느낌이 드니?
   - 눈을 감고 손으로 만져서 어떤 것인지 알 수 있겠니?
2. 게임에 참여하는 유아는 눈을 가리고 교사나 술래가 지적하는 숫자만큼 콩이나 마카로니를 집는다.
   - 눈가리개를 하자.
   - 콩을 5개만 집어볼래?
   - 마카로니를 6개 집어보자.
3. 숫자만큼 정확하게 집는 유아가 이긴다.
   - 눈가리개를 벗고 몇 개씩 집었는지 세어보자.
   - 누가 맞게 집었니?

참 고
- 유아들이 게임에 익숙해지면 양손으로 집어서 수를 더해 보도록 한다.
- 점차 게임의 난이도를 높여서 콩 2개, 마카로니 5개를 집어보게 한다.

함께 들어가기

10 게임

대상 4, 5세 유아

목표
- 운동능력이 발달한다.
- 협동하는 태도를 기른다.
- 공간 지각력 및 민첩성이 발달한다.

놀잇감 지름 1m의 원형 줄(각 팀에 2개씩), 반환점 표시물

놀이방법
1. 유아들을 두 팀으로 나눈다.
   - 팀을 어떻게 나눌까?
   - 팀 이름은 무엇으로 할까?
2. 각 팀에서 유아 두 명이 한 조가 된다.
   - 어떤 방법으로 두 명씩 짝을 지을까?
3. 각 조별로 원형 줄 2개를 가지고 게임을 한다.
   - 이 줄을 이용하여 어떤 게임을 할 수 있을까?
   - 줄을 던지고 안으로 뛰어 들어가는 놀이를 해 보자.
4. 출발선에서 한 명의 유아가 줄을 던지고 그 안으로 뛰어 들어가면 다른 유아도 따라서 줄 안으로 뛰어 들어간다.
5. 뒤에 있는 줄을 집어서 다시 앞으로 던진 후 줄 안에 뛰어 들어가기를 반복하여 반환점까지 간다.
6. 반환점을 돌아 올 때는 줄을 손에 들고 뛰어서 온다.
7. 먼저 들어온 조가 이긴다.

참고
- 줄은 단단한 재질로 준비해야 던졌을 때 원이 잘 만들어진다.
- 줄 대신 작은 후프를 이용할 수 있다.

성화 전달하기

10 게임

대 상 4, 5세 유아

목 표
- 신체조절 능력을 기른다.
- 주의 집중력을 기른다.
- 협동하는 태도를 기른다.

놀잇감 탁구공 2개, 신문지를 말아서 만든 성화봉(유아 수만큼 준비), 올림픽 그림 자료

놀이방법
1. 그림 자료를 보며 성화에 대해 이야기를 나눈다.
   - 올림픽 경기에서 성화를 본 적이 있니?
   - 성화를 들고 가는 사람의 모습은 어떠니?
   - 성화를 다음 사람에게 넘겨주는 것을 보았니?
2. 게임을 하기 위해 두 편으로 나눈다.
   - 팀을 어떻게 나눌까?
   - 몇 명씩 나눌까?
3. 성화봉을 들고 양편이 마주 보고 선다.
   - 모두 성화봉을 하나씩 가졌니?
4. 성화봉 위에 탁구공을 올려놓고 신호에 따라 옆 친구의 성화봉에 전달한다.
   - 어떻게 해야 탁구공을 떨어뜨리지 않고 전달할 수 있을까?
5. 성화 전달을 먼저 끝낸 팀이 이긴다.
   - 어느 팀이 먼저 전달을 끝냈니?

참 고 탁구공을 옮기면서 손으로 만지지 않도록 지도하며 공이 떨어지면 주워서 다시 시작하게 한다.

자석게임

10 게 임

대 상 4, 5세 유아

목 표
- 자석의 성질을 안다.
- 게임의 방법과 규칙을 이해한다.
- 예측하는 능력을 기른다.

놀잇감 자석, 게임판, 물건 그림 카드(상자에 넣어둠), 주사위, 말 2~3개, 물건 그림 카드의 실물(단추, 클립, 종잇조각, 지우개, 못, 크레파스 등)

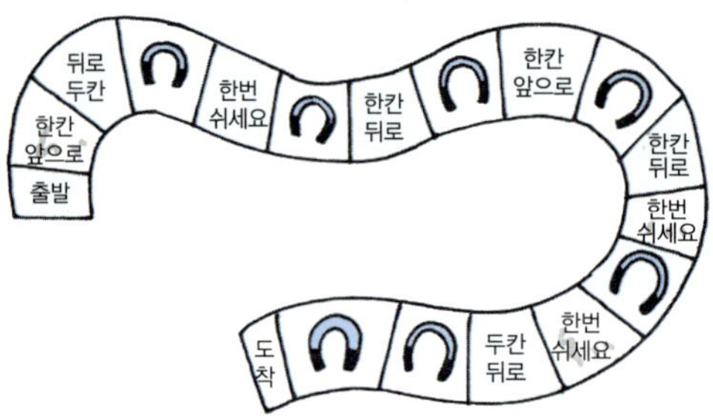

놀이방법 1. 게임에 참여할 유아들과 자석, 게임판, 주사위 등을 살펴본다.
- 이 게임판으로 어떤 게임을 할 수 있니?
- 왜 게임판에 자석이 그려 있을까?
- 자석을 가지고 놀아본 적이 있니?
- 어떤 물건이 자석에 붙을까?
- 주사위를 던져볼까?
- 어떤 숫자가 나왔니?
- 빨리 도착해서 이기려면 어떻게 해야 할까?

2. 유아들이 순서를 정하고 말을 1개씩 나누어 갖는다.
   - 순서를 어떻게 정할까?
   - 말을 1개씩 나누어 갖자.
3. 주사위를 던져서 나온 숫자만큼 말을 옮긴다.
   - 몇 칸을 가야 할까?
   - 1칸 뒤로 라고 쓰인 칸에서는 어떻게 해야 하니?
4. 말이 자석 그림 칸에 오면 물건 그림이 들어 있는 상자에서 그림 카드 한 장을 꺼낸다. 자석에 붙는 물건 그림이면 1칸 앞으로 가고, 붙지 않는 물건이면 1번 쉰다.
   - 상자 속을 들여다보지 말고 그림 1장을 꺼내자.
   - ○○가 지우개를 꺼냈네.
   - 지우개는 자석에 붙을까?
5. 유아가 자석에 붙는 물건인지 안 붙는 물건인지 모르는 경우에는 실제 물건을 찾아서 자석으로 붙여본다.
   - 지우개를 자석에 갖다 대니까 어떻게 되니?
   - 자석에 붙지 않았으니 말을 한번 쉬게 해야 겠네.
6. 먼저 도착하는 유아가 이긴다.

참 고 유아들이 게임의 결과보다 예측하고 실험해 보는 과정에 관심을 가지도록 지도한다.

여행 소품

10 게임

대 상 4, 5세 유아

목 표
- 게임의 규칙을 이해한다.
- 청각적 기억능력을 기른다.
- 언어표현력을 기른다.

놀잇감 여행 갈 때 필요한 물건 그림, 비닐가방

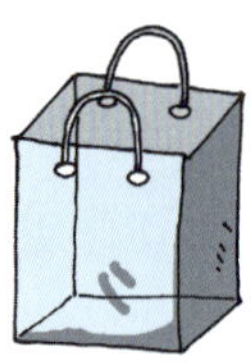
비닐가방

배낭

옷

세면 도구

놀이방법
1. 물건 그림을 보면서 여행갈 때 가지고 가야 할 물건에 대해 이야기 한다.
   - ○○가 여행을 간다면 무엇을 가지고 가겠니?
2. 여행 갈 때 가지고 갈 물건 그림을 찾는 게임을 소개한다.
   - 여행 갈 때 가지고 갈 물건 그림을 찾아 가방에 넣으면서 "나는 여행 갈 때 ○○를 가지고 가겠어요."라고 말하는 거예요.
   - 그 다음 친구는 자기에게 필요한 물건 한 가지를 덧붙여 말하며 물건 그림을 가방에 넣으세요.
3. 게임방법에 따라 여행가기 게임을 한다.
   - 나는 여행 갈 때 ○○를 가지고 가겠어요.
   - 나는 여행 갈 때 ○○와 △△를 가지고 가겠어요.
   - 나는 여행 갈 때 ○○와 △△와 ◇◇를 가지고 가겠어요.
4. 준비한 물건 그림을 가방에 다 넣을 때까지 계속한다.

참 고 유아들의 기억능력을 고려하여 물건의 종류는 4~5가지가 넘지 않도록 한다.

참고문헌

고여훈 (2009). 유아들의 거친 신체 놀이의 양상과 영향을 주는 요인 및 의미 분석. 이화여자대학교 대학원 석사학위논문.

교육부 (1993). 유아전통놀이 교육활동 지도자료.

_____ (1999). 유아를 위한 세계이해 교육활동 지도자료.

_____ (2000). 유치원 교육 활동 지도 자료 1. 총론.

교육과학기술부 (2008). 유치원 교육과정 해설 Ⅰ. 총론.

_____________ (2008). 유치원 교육과정 해설 II. 건강생활, 사회생활.

_____________ (2008). 유치원 교육과정 해설 III. 표현생활, 언어생활, 탐구생활.

권지연 (2002). 유아의 인지양식과 성격에 따른 놀이스타일 차이. 동덕여자대학교 대학원 석사학위논문.

김경란 (2006). 놀이에 나타난 영아의 교사 및 또래와의 관계 탐색. 중앙대학교 대학원 박사학위논문.

김명준 (2000). 실외놀이 환경의 질적 수준과 유아의 놀이행동에 관한 연구. 동아대학교 교육대학원 석사학위논문.

김보현 (2008). 블록 놀이에서 나타나는 유아의 또래 관계 탐색. 성신여자대학교 대학원 박사학위논문.

김성순 (1998). 실외놀이 환경의 질적 수준에 따른 유아의 놀이행동. 연세대학교 교육대학원 석사학위논문.

김윤숙 (1991). 어머니의 놀이의 중요성에 대한 인식도와 놀이 활동성 관계 연구. 이화여자대학교 교육대학원 석사학위논문.

김영심 (2002). 초기 가상놀이의 표상적 특성 : 가상놀이의 상징화 수준과 마음 이론과의 관계. 동덕여자대학교 대학원 박사학위논문.

김정준 · 김정화 · 신유림 (1999). 유아에게 적합한 125가지 놀잇감. 서울 : 창지사.

노현주 (1995). 실외놀이터 유형에 따른 유아의 놀이형태. 이화여자대학교 대학원 석사학위논문.

류경화 (1999). 유아를 위한 전통놀이교육. 서울 : 창지사.

류영의 (2004). 교사의 놀이교수 효능감에 따른 유아의 구성놀이 질의 차이. 덕성여자대학교 대학원 박사학위논문.

류진희 (1991). 놀이의 계획 및 환경구성. 유아교육과 놀이. 한국어린이육영회 유아교육세미나 자료집, 79-94.

박경애 (1991). 사회극화놀이의 효과와 지도 방법에 관한 연구. 숙명여자대학교 교육대학원 석사학위논문.

박춘방 (2006). 24-35개월 영아의 기질과 교사개입 유무에 따른 놀이지속시간과 놀이수준에 관한 연구. 이화여자대학교 대학원 석사학위논문.

삼성복지재단 어린이개발센터 (1998). 유아를 위한 동작교육의 이론과 실제.

양옥승 (1994). 언어적 계획 및 평가 프로그램의 효과. 유아교육연구, 14(2), 57-78.

______ (2003). 자유선택 활동에서 유아의 선택과 의미. 유아교육연구, 23(3), 131-152.

여성가족부 (2007). 표준보육과정의 구체적 보육 내용 및 교사지침.

연세대학교 어린이생활지도연구원 (1995). 연세 개방주의 유아교육과정. 서울 : 창지사.

이기숙 · 이은화 · 이영자 · 이숙재 (1995). 유아발달에 적합한 유치원 실내교육환경. 교육부.

이방실 (2009). 영아 개별특성과 교사 상호작용이 놀이참여에 미치는 영향 및 매개효과. 성신여자대학교 대학원 박사학위논문.

이상금 (1987). 한국 유아교육의 본질. 유아교육 세미나: 한국유아교육의 현황과 개선방향. 사단법인 새세대 육영회, 5-15.

이숙재 (1988). 유아의 놀이와 문제 해결력에 관한 연구. 성신연구논문집, 27, 203-218.

______ (2004). 유아를 위한 놀이의 이론과 실제. 서울 : 창지사.

이숙재 · 이봉선 (2008). 영유아의 발달과 교육. 서울 : 창지사.

____________ (2009). 영유아 언어교육. 서울 : 창지사.

이숙재 · 이봉선 · 김경란(2002). 유아미술교육. 서울 : 창지사.

이영 · 김온기 · 우현경 (2006). 부모 · 교사와 함께 하는 영아놀이. 서울 : 다섯수레.

이옥자 (1985). 사회계층별 유아놀이에 관한 연구: 부모의 인식 및 역할을 중심으로. 숙명여자대학교 교육대학원 석사학위논문.

이은해 (1991). 놀이관찰의 실제적 방안. 한국어린이육영회. 유아교육 세미나 : 유아교육과 놀이, 97-107.

이은해 · 이미리 · 박소연 (2006). 아동 연구방법의 이해. 서울 : 학지사.

이정미 (1986). 유치원 교실의 공간구성이 유아의 행동에 미치는 영향에 관한 연구. 이화여자대학교 교육대학원 석사학위논문.

이정환 · 박은혜 (1995). 교사들을 위한 유아관찰 워크북. 서울 : 한국어린이육영회.

이지영 (2007). 남녀 유아의 거친 신체 놀이와 또래 유능성과의 관계. 덕성여자대학교 교육대학원 석사학위논문.

장영희 (1995). 2세아를 위한 프로그램, 2 · 3세 영유아를 위한 종일제 프로그램. 한국유아교육학회 워크숍.

전풍자 (1981). 놀이교육론. 유아교육연구, 3, 51-64.

정우영 (2007). 모자 상호작용을 통한 만2세 남아의 상징놀이의 변화과정 연구. 중앙대학교 교육대학원 석사학위논문.

조경자 (1994). 전쟁놀이에 대한 부모 · 교사 · 유아의 인식 및 놀이 양상. 이화여자대학교 대학원 박사학위논문.

조선미 (2000). 기질에 따른 유아의 놀이 스타일에 관한 연구. 성신여자대학교 대학원 석사학위논문.

조혜경 (2003). 영아의 상징놀이 발달에 관한 구성요소별 분석 연구. 덕성여자대학교 대학원 박사학위논문.

지혜련 · 김온기 (1990). 유아의 실외놀이 이론과 실제. 서울 : 교문사.

천혜경 (1987). 유아의 인지양식과 놀이행동 간의 관계: 장 독립성－장 의존성 차원을 중심으로. 이화여자대학교 대학원 석사학위논문.

최석란 (2005). 놀이와 유아발달. 서울 : 양서원.

최석란 · 서원경 · 이현옥 · 박선화 · 신지연 (2008). 영아와 함께 하는 놀이. 서울 : 교문사.

최진 (1980). 취학 전 아동의 놀이형태 분석. 아동학회지, 1, 15-27.

황인애 (2010). 만 1세 반 영아의 교사와 또래 간 의사소통에 관한 문화기술적 연구. 성신여자대학교 대학원 박사학위논문.

Allison, L. & Weston, M. (1994). *Razzle dazzle doodle art: Creative play for you and your young child*. Boston : Little, Brown and Company.

Beaty, J. J. (1996). *Preschool appropriate practices*. Fort Worth : Harcourt

Brace College Publishers.

Bruner, J. S. (1972). The nature and uses of immaturity. *American Psychologist. 27*, 687-708.

Burton, L. & Kuroda, K. (1981). *Arts play: Creative activities in dance, drama, art, and music for young children*. Menlo Park, California : Addison-Wesley Publishing Company.

Campbell, S. D. & Frost, J. L. (1985). The effects of playground type on the cognitive and social play behaviors of grade two children. In J. L. Frost and S. Sunderlin(Eds.), *When children play*(pp.81-88). ACEI.

Champlin, C. (1980). Puppetry and creative dramatics in storytelling. Austin, Texas : Nancy Renfro Studio.

Charlesworth, R. & Lind, K. K. (1995). *Math and science for young children*. Albany, New York : Delmar Publishers.

Church, E. B. (1993). *Learning through play: Problem solving, A practical guide for teaching young children*. New York : Scholastic Inc.

__________ (1990). *Learning through play: Blocks, A practical guide for teaching young children*. New York : Scholastic Inc.

Dansky, J. L. (1980). Make-believe: a mediation of relationship play and associative fluency. *Child Development, 51*, 576-579.

Dattner, R. (1969). 어린이 놀이환경 디자인. (김정태 역, 1986). 서울 : 기문당.

Doyle, A. B., Connolly, J., & Rivest, L. P. (1980). The effect on playmate familiarity on the social interactions of young children, *Child development, 51*, 217-223.

Dunn, J. & Wooding, C. (1977). Play in the home and its implication for learning, In B. Tizard and D. Harvey(Eds.). *The biology of play*. London : S. I. M. P. / Heiemann Medical Books.

Erikson, E. H. (1950). *Childhood and society*. New York : Norton, Bacon.

Ellison, S. & Gray, J.(1995). *365 days of creative play*. Naperville, Il : Sourcebooks, Inc.

Fagot, B. I. (1978). The influence of sex of child on parental reaction to toddler children. *Child Development, 49*, 459-465.

Fontaine, A. M. (1996). 유아들 간의 의사소통 능력 발달과 놀이. 삼성복지재단 제4회 국제학술대회자료집. 어린이와 놀이, 227-240.

Frost, J. L. (1992). *Play and playscapes.* Albany, New York : Delmar Publishers Inc.

Frost, J. L. & Klein, B. L.(1979). *Children's play and playground.* Boston : Allyn & Bacon.

Frost, J. L., Wortham, S. C., & Reifel, S. (2005). *Play and child development.* Upper Saddle River, NJ : Prentice Hall.

Gillies, E. (1973). *Creative dramatics for all children.* Washington, D. C. : ACEI.

Green, M. D. (1998). *Not! The same old activities for early childhood.* Albany, New York : Delmar Publishers Inc.

____________ (1998). *Themes with a difference: 228 new activities for young children.* Albany, New York : Delmar Publishers Inc.

Guerney, L. F. (1984). Play therapy in counseling settings. In T. D. Yawkey and A. D. Pellegrini(Eds.), *Child's play: developmental and applied* (pp.291-321). Hillsdale, NJ : Lawrence Erlbaum.

Herr, J. & Libby-Larson, Y. R. (2000). *Creative resources for the early childhood classroom.* Albany, New York : Delmar.

Hohmann, M. & Weikart, D. P. (1995). *Educating young children: Active learning practices for preschool and child care programs.* Ypsilanti, Michigan : High/Scope Press.

Hughes, F. P. (1995). *Children, play, and development.* Boston : Allyn and Bacon.

Hutt, C. (1971). Exploration and play in children. In R. E. Herron and B. Sutton-Smith(Eds.), *Child's play*(pp.231-251). New York : John Wiley & Sons.

Jeffree, D. M. & McConkey, R. (1976). An observation scheme for recording children's imaginative doll play. *J. of child psychology and psychiatry, 17*, 189-197.

Jones, E. & Reynolds, G. (1992). *The play's the thing: teachers' roles in children's play*. New York : Teachers College Press.

Johnson, J. E., Christie, J. F., & Yawkey, T. D. (1999). *Play and early childhood development*. New York : Addison Wesley Longman, Inc.

Kamii, C. & DeVries, R. (1980). *Group games in early education*. Washington, D. C. : NAEYC.

Levy, J. (1978). *Play behavior*. New York : John Wiley & Sons.

Miller, K. (1989). *The outside play and learning book*. Maryland : Gryphon House, Inc.

Piaget, J. (1962). *Play, dreams and imitation in childhood*. New York : W. W. Norton.

Rubin, K. H., Watson, K. S., & Jambor, T. W. (1978). Free play behaviors in preschool and kindergarten children. *Child Development, 49*, 534-546.

Saracho, O. (1995). Relationship between young children's cognitive style and their play. *Early Childhood Development and Care, 113*, 77-84.

Segal, M. (1985). *Your child at play : Birth to one year*. New York : Newmarket Press.

Segal, M. & Adcock, D. (1985). *Your child at play : One to two years*. New York : Newmarket Press.

Shapiro, S. (1975). Preschool ecology: a study of three environmental variables. *Reading Improvement, 12*, 236-241.

Shipley, D. (1998). *Empowering children: Play-based curriculum for lifelong learning*. Toronto : International Thomson Publishing Company.

Singer, D. G., Golinkoff, R. M., & Hirsh-Pasek, K. (2006). Play=Learning : How play motives and enhances children's cognitive and social-emotional growth. New York : Oxfors University Press.

Sluss, D. J. (2005). *Supporting play : Birth through age eight*. New York :

Thomson Delmar Learning.

Smilansky, S. (1968). *The effects of sociodramatic play on disadvantaged preschool children.* New York : Wiley.

Sutton-Smith, B. (1967). The role of play in cognitive development. *Young Children, 22*, 361-370.

Swaminathan, M. (1982). *Play activities for young children.* UNICEF, Regional Office for South Central Asia.

Tarrow, N. B. & Lundsteen, S. W. (1981). *Activities and resources for guiding young children's learning.* New York : McGraw-Hill Book Company.

Tizard, B., Philips, J., & Plewis, I. (1976). Play in Preschool Center: Effects on Play of the Child's Social Class and of the Educational Orientation of the Center. *J. of Child Psychology and Psychiatry, 17*, 265-274.

Trostle, S. L. & Yawkey, T. D. (1990). *Integrated learning activities for young children.* Needham Heights, Massachusetts : Allyn and Bacon.

Turner C. W. & Goldsmith, D. (1976). Effects of toy guns and airplanes on children's antisocial free play behavior. *J. of Experimental Child Psychology, 21*, 303-315.

Vygotsky, L. S. (1976). Play and it's role in the mental development of the child. In J. S. Bruner, A. Jolly, and K. Sylva(Eds.). *Play: its role in development and evolution*(pp.537-554). New York : Penguin Book.

Waite-Stupiansky, S. & Stupiansky, N. G. (1992). *Learning through play: Math, A practical guide for teaching young children.* New York : Scholastic Inc.

Waterman, P. (1999). *The absolute best play days.* Naperville, Il : Sourcebooks, Inc.

Weaver, M. (1999). *365 fun-filled learning activities.* Holbrook, Massachusetts : Adams Media Corporation.

Wood, E. & Attfield, J. (1996). *Play, learning and the early childhood curriculum.* London : Paul Chapman Publishing Ltd.

저자소개

이숙재(李淑宰)

연세대학교 대학원(교육학 박사)

현재 : 성신여자대학교 유아교육과 교수

저서 : 『유아를 위한 놀이의 이론과 실제』

『놀이 이론』(공역)

『유아놀이 활동』

『유아를 위한 운동놀이』(공저)

『유아를 위한 언어교육의 이론과 실제』(공저)

『창의적 유아미술교육』(공저)

『유아발달에 적합한 유치원 실내교육환경』(공저)

『유아미술교육』(공저)

『영유아 언어교육』(공저)

『연극놀이를 통한 유아경제교육』(공저)

『영유아의 발달과 교육』(공저)

개정

영유아 놀이 활동

초 판 1쇄 발행 2001년 2월 12일
12쇄 발행 2009년 7월 15일
개정판 1쇄 발행 2011년 3월 2일
개정판 2쇄 발행 2013년 1월 25일

지 은 이 | 이숙재
펴 낸 이 | 김기섭
책임편집 | 박연순
펴 낸 곳 | 창지사 www.changjisa.com
153-802 서울시 금천구 가산디지털 1로 83 파트너스타워1차 (9F, B1F)
전화 (02)719-2211~3
팩스 (02)701-9386
등 록 | 1977년 4월 28일 · 제1-421호

ISBN 978-89-426-0617-7 (93370)

값 15,000원